LA VILLE DE SAINT-ÉTIENNE

AUX GRANDS POUVOIRS DE L'ÉTAT.

RAPPORT SUPPLÉMENTAIRE

SUR LA

COALITION DES HOUILLÈRES

DU

BASSIN DE LA LOIRE

LYON.

IMPRIMERIE DE LÉON BOITEL,

QUAI SAINT-ANTOINE, 36.

—

1850.

RAPPORT DE LA COMMISSION

CHARGÉE D'EXPOSER LES ABUS

DE LA COALITION HOUILLÈRE,

PRÉSENTÉ

AU CONSEIL MUNICIPAL DE LA VILLE DE SAINT-ÉTIENNE. (1).

Les fondateurs de la Compagnie générale des Mines de la Loire disaient, dans leurs Mémoires de 1845, qu'une exploitation *unitaire* était le seul moyen de prévenir la ruine des exploitants, en faisant cesser une concurrence *déréglée, abusive,* et en *relevant les prix* de la houille. Pour justifier la concentration de la plupart des concessions, ils s'appuyaient sur l'art. 31 de la loi de 1810. On leur a démontré que la faculté indéterminée de réunir les concessions détruirait la concurrence que le législateur a voulu établir, et que, d'ailleurs, la coalition des principaux détenteurs des mines qui opèrent à leur gré la hausse ou la baisse des prix tombe sous le coup de l'art. 419 du Code pénal.

Les organes de la Compagnie ont alors modifié leur langage ; ils ont prétendu qu'ils ne sont pas dans le cas prévu par l'art. 419, que le prix de la houille n'a point été élevé, et que leurs opérations ne constituent pas le Monopole. C'est donc sur ce point, sur l'existence du monopole, que la discussion doit d'abord être portée.

(1) Cette Commission était composée de MM. Buisson, J. Giraud et Berthon, conseillers municipaux ; elle s'était adjoint un grand nombre de manufacturiers ou propriétaires, notamment MM. Praire Nézieux, ✠ ancien membre du Conseil général des manufactures ; H. Royet ✠ et Peyret Lallier, ✠ anciens maires de Saint-Étienne et membres du Conseil général de la Loire ; le dernier, ex-député, a été invité à se charger de la rédaction du Rapport.

1

Nous établirons ensuite la nécessité de la libre concurrence, les inconvénients et les abus de la concentration des mines, la marche croissante du monopole, et l'obligation d'y mettre un terme.

Une discussion aussi grave exigerait une plume plus exercée que la nôtre. Pour suppléer au talent qui nous manque, nous invoquerons souvent l'autorité des législateurs, des hommes d'Etat, des économistes. Nous ferons nos efforts pour contenir la juste indignation que soulèvent les exactions odieuses d'une féodalité d'un nouveau genre.

§ 1er.

ORIGINE ET PREUVES DU MONOPOLE.

L'attention des spéculateurs fut appelée, en 1836, sur les Mines de houille. L'éclairage au gaz, la navigation à la vapeur, la locomotion sur les chemins de fer, les nouveaux établissements métallurgiques accrurent notablement les besoins de ce combustible. Pendant quelque temps, l'extraction fut insuffisante. Le prix en augmenta, comme il arrive de toute marchandise, lorsque la demande est supérieure à l'approvisionnement.

Les spéculateurs, s'imaginant que la hausse se soutiendrait, achetèrent les concessions à des prix énormes, et les apportèrent, à des prix encore plus élevés, dans les sociétés par actions constituées pour leur exploitation ; c'est à cette époque, que se formèrent ces associations prétendues civiles de *St-Berain*, de *Gravenand*, de *Brassac*, de *Bert*, de *Chaney*, de *Villars*, de *la Chazotte*, dont plusieurs ont donné lieu à des procès scandaleux.

Le développement des exploitations dépassa les besoins de la consommation. La Compagnie des Mines en est convenue (p. 28 de ses *Notes et Considérations*) , « l'effervescence industrielle de 1838 avait imprimé une activité fébrile au bassin de la Loire. La concurrence, concentrée jusque là sur certains points favorisés, devint générale. Le bassin fut mis en exploitation partout à la fois. L'extraction ne fut plus mesurée sur la consommation, mais sur le besoin de produire, pour maintenir son crédit. »

L'espoir conçu par les spéculateurs et partagé par les actionnaires fut déçu; ils ne purent réaliser les grands bénéfices sur lesquels ils avaient compté. On sait que la houille se décompose à l'air et se déprécie par les intempéries des saisons, ce qui engage les exploitants à la vendre promptement, même à des prix réduits.

Pour remédier à la crise dont ils étaient eux-mêmes les auteurs, par une extraction surabondante, les exploitants tentèrent plusieurs moyens, tels que l'établissement de comptoirs communs pour la vente, la limitation de l'extraction dans chaque concession. Ces expédients, auxquels tous les exploitants n'adhéraient pas, ayant paru insuffisants, les principaux d'entr'eux formèrent trois sociétés, composées chacune de plusieurs concessions, sous les dénominations de : *Compagnie générale*, des *Houillères*, des *Mines réunies*. Comment parvinrent-elles à se constituer ? En attribuant à chaque concession une valeur exagérée et purement nominale, que, plus tard, on a voulu faire passer pour réelle, aux yeux des acheteurs d'actions.

Ces compagnies opérèrent séparément en 1844 : mais la concurrence continua, quoique moins activement. Pour la faire cesser et relever les prix, les principaux exploitants n'épargnèrent ni peines, ni sacrifices ; ils conçurent le projet d'une fusion générale, d'une exploitation *unitaire*.

Leur projet étant divulgué, le Ministre des Travaux publics en prévit le danger ; il consulta le Conseil général des Mines, qui répondit, le 20 décembre 1844, à la sixième des questions posées :

« Lorsque des associations de concessionnaires de mines, ou des réunions de concessions, ayant le caractère d'associations, tendent, soit à forcer injustement et abusivement l'abaissement des salaires d'ouvriers, soit à opérer la hausse des prix de houille au-dessus de celui qu'aurait déterminé la concurrence libre et naturelle du commerce, les exploitants doivent être poursuivis devant les tribunaux, pour être punis, s'il y a lieu, conformément aux dispositions des art. 414 et 419 du Code pénal.

Le Ministre, adoptant cet avis, écrivit au Préfet de la Loire, le 27 janvier 1845 : « S'il venait à être constaté que des compagnies, sous quelque nom qu'elles se fussent constituées, ne s'associent que dans des vues de monopole, pour élever abusivement le prix de la houille, ou abaisser les salaires ; si, en un mot, ces associations présentaient le caractère de coalition prévu par les art. 414 et 419 du Code pénal, on devrait recourir aux tribunaux pour obtenir la répression de ces abus. »

Les promoteurs de l'association générale n'en persistèrent pas moins dans l'exécution de leur projet.

Le Conseil municipal de Saint-Etienne, dont les industries étaient menacées par le monopole qui s'organisait, demanda, par délibération du 14 août 1845, des mesures préventives.

Le 30 du même mois, le Conseil général de la Loire signala au gouvernement les dangers d'*associations dont le but avoué était d'englober toutes les exploitations du pays et de se rendre maîtresses des moyens de production et des prix de vente.*

Le 11 septembre, le Préfet de la Loire écrivit au Ministre que, jusqu'alors, les associations houillères n'avaient pas produit des effets regrettables ; « mais, ajoutait-il, je suis loin d'en conclure, vous le savez, qu'il n'y a rien à redouter pour l'avenir. »

Nonobstant ces avis et réclamations, les trois grandes sociétés charbonnières, après avoir pris à ferme le canal de Givors, et fait un projet de convention pour l'exploitation du Chemin de fer de Saint-Etienne à Lyon, se réunirent en une seule, le 7 novembre suivant.

Aveux.

Le but des fondateurs et intéressés ne fut point dissimulé : ils déclaraient ouvertement s'associer pour faire cesser une concurrence *déréglée, abusive.* « *Nous tendons,* disaient-ils dans un Mémoire lithographié, *à réunir, dans une grande association, toutes les mines du bassin; — oui, sans doute, et il ne faut pas craindre de l'avouer, nous avons trop souffert du morcellement.* »

A la même époque, M. Rambaud, l'un d'eux, dans un écrit signé de lui et rendu public, cherchait à justifier le projet *d'une exploitation unitaire, par l'association générale.*

Un autre intéressé, ancien ingénieur de la Compagnie, disait, avec une ingénuité rare : « *Evidemment, la concurrence a fait son temps.... cette concurrence déréglée devait finir par un monopole naturel et légal, se substituant à la ruine des producteurs.* »

En effet, l'année 1846 vit naître le monopole ; les prix de la houille furent haussés par la Compagnie *unitaire* dans une forte proportion. On se rappelle que la tribune de la Chambre des Députés retentit, dans les séances des 24 et 25 mars 1846, des plaintes des populations et des industries rançonnées par le monopole.

Le Ministre des Travaux publics institua une Commission, pour donner son avis sur les questions que faisait naître l'association houillère. Celle-ci produisit à la Commission des *Notes et Considérations*, où l'on trouve des aveux précieux.

Elle fait remonter sa formation à 1837, quoique la fusion n'ait été consommée que le 7 novembre 1845. « *Son but*, dit-elle, p. 1, *était de réunir, sous une seule association, la plus grande partie des concessions du bassin houiller ; les premières années de la Compagnie furent très-pénibles. Qu'était-ce, en effet, que de réunir le quart des exploitations, puis la moitié, si les trois quarts, si l'autre moitié, livrés à l'anarchie, ne voulaient pas se contenter de la juste part qui pouvait leur revenir dans la consommation générale.* »

L'intention n'est pas équivoque ; elle voulait se rendre maîtresse de la production et des prix.

Après avoir consacré plusieurs pages à colorer des prétextes du bien public la *grande concentration* des mines qu'elle a opérée avec tant de peine, et à établir l'utilité d'un accord entre les concessionnaires, elle ajoute : « Ce bon accord, si désirable au point de vue du meilleur aménagement des mines, le seul rationnel au point de vue commercial, était proscrit par la loi ; *c'était la coalition : l'association seule était légale.* »

Ces expressions renferment tout à la fois un aveu et une excuse. L'aveu, c'est que l'accord entre les concessionnaires était interdit par la loi, et que néanmoins il a eu lieu sous la forme d'une société. L'excuse, que l'on fait résulter de l'association, est-elle admissible ? N'est-il pas certain que l'on doit plutôt considérer la réalité que l'apparence, les intentions des contractants que la qualification arbitraire d'un contrat ? Que deviendrait la loi, s'il était permis de faire, par une voie indirecte, ce qu'elle interdit directement ? Ce qu'il y a de réel, c'est la réunion des principaux exploitants de mines. La forme n'a pas changé le fond ; l'acte de société n'a pas fait disparaître le délit.

Toutefois, l'Association houillère a continué à prétendre qu'une Société étant un corps moral et unique, et le délit de coalition ne pouvant être que le fait de plusieurs personnes, les associés sont à l'abri de toutes poursuites.

Il a été démontré, dans les Mémoires publiés par la ville de Saint-Etienne, que la fiction légale, qui assimile les membres d'une société à un corps unique, ne s'applique qu'aux effets civils des associations, et non aux dispositions des lois pénales. Le Ministre le reconnut, dans la séance du 24 mars 1846, en déclarant que l'Art. 419 du Code pénal était applicable aux membres d'une société comme à toute autre coalition ; il ajouta que l'Association houillère *n'était pas sans danger ; que le Monopole, s'il s'établissait, serait, pour notre industrie et pour la sûreté publique, un danger immense et menaçant*, et que, le cas arrivant, il devrait être poursuivi.

Au mois d'avril 1846, il y eut une émeute parmi les ouvriers mineurs qui se plaignaient de la Compagnie; les travaux furent suspendus. La force armée fut mise en mouvement, la répression sévère, plusieurs personnes tuées ou blessées. Ce ne fut qu'après une grève d'un mois que les travaux furent repris. La justice eut son cours. Si les ouvriers eurent tort de se coaliser, les agents de la Compagnie furent-ils sans reproche ? C'est à cette époque que le Ministre écrivit au préfet de la Loire que la dissolution de la Compagnie était arrêtée en principe.

Lorsqu'éclata la révolution de février, les populations se crurent affranchies de l'oppression du Monopole. La Compagnie des mines abaissa le prix de la houille ; mais la baisse ne dura que quelques mois. Bientôt elle rehaussa les prix à un taux supérieur, comme pour se dédommager de la réduction momentanée qu'elle avait cru prudent de consentir.

Telle est la situation des choses. L'exercice du Monopole (1) continue à s'exercer avec une rigueur inouie. Les Administrateurs de la Compagnie sont convenus, dans une lettre rendue publique, du 16

_____

(1) Nous ferons observer, une fois pour toutes, que, dans notre pensée, l'accusation de monopole ne s'applique qu'aux promoteurs de la coalition, et non aux simples actionnaires qui n'y ont pris intérêt que dans l'ignorance de son but illicite, et qui s'en seraient sans doute abstenus, s'ils en avaient connu les conséquences désastreuses.

juillet 1850, qu'ils faisaient des *diminutions de prix* à certaines usines et *aux consommateurs éloignés*; mais quant au commun des
consommateurs et à ceux de la localité qui ne peuvent leur échapper, ils sont obligés de subir le dur impôt de la coalition.

Les organes de la Compagnie prétendent que ses opérations ne
constituent pas le monopole, et que son Association n'est point une
coalition illicite.

Le monopole, disent-ils, est, d'après le dictionnaire, le *privilége exclusif de vendre seul* des marchandises ou denrées dont la vente devrait
être libre. Cette définition ne concerne que les priviléges abusivement concédés par l'ancien pouvoir absolu. Pourquoi n'ont-ils pas
rapporté la seconde acception du mot Monopole : *il s'entend aussi de
toutes les conventions iniques que les marchands font entre eux dans
le commerce pour altérer de concert quelque marchandise, ou la
vendre plus cher.* Voilà le Monopole imputé aux promoteurs de la
coalition.

Du reste, c'est dans la Loi pénale qu'il faut rechercher les caractè- Coalition illicite.
res du délit. L'article 419 du Code pénal statue que sont punissables
ceux qui, par *réunions ou coalitions* entre les *principaux détenteurs*
d'une même marchandise ou denrée, en auront opéré *la hausse ou
la baisse*, au-dessus ou au-dessous des prix qu'aurait déterminés *la
concurrence libre et naturelle du commerce.*

Pour qu'il y ait délit, il n'est pas nécessaire que les accusés soient
possesseurs exclusifs de la matière ou denrée; il suffit qu'ils en soient
les principaux détenteurs, et qu'ils en aient opéré la hausse ou la
baisse.

Les concessionnaires coalisés sont-ils les principaux détenteurs
des Mines de houille du bassin de la Loire? non, disent-ils, parce
que nous ne possédons que *la moitié des concessions et le quart du
territoire houiller.*

Ce n'est ni par le nombre, ni par l'étendue des concessions agglo- Importance
mérées, mais par leur richesse et leur produit que l'on doit juger de des concessions
leur importance. Pour la faire connaître, nous nous appuyerons sur réunies.
les documents statistiques recueillis soit par M. Migneron, commis-
saire du gouvernement, soit par la sous-commission ministérielle
(Rapport du 1er avril 1847).

Les concessions sont au nombre de 60. L'association houillère en a réuni dans ses mains 32, en totalité ou en partie. Dans le nombre des 28 non agglomérées, il y en a 11 qui ne sont pas en exploitation, quoiqu'elles aient une grande étendue superficielle, et 17 dont les mines ne renferment pas toutes les qualités de houille. Les concessions réunies ont été reconnues par la sous-commission, *plus précieuses que toutes les autres par la qualité supérieure de leurs produits*. Elles sont aussi les plus abondantes, puisqu'elles ont fourni, en 1846, les cinq sixièmes de l'extraction totale du bassin, 12,604,405 quintaux métriques sur 15,196,070.

L'on peut aussi juger de l'importance de l'association par le but qu'elle s'est proposé et qu'elle a réalisé, de relever les prix en faisant cesser la concurrence, et par la quotité des capitaux réels ou fictifs qui y ont été apportés, ce qui lui a fait donner par les fonctionnaires publics les qualifications de *colossale*, de *gigantesque*, etc.

Il n'est donc pas douteux que les concessionnaires coalisés qui ont réuni, sous la main d'une même administration, les deux tiers des concessions exploitées, produisant les cinq sixièmes de l'extraction totale, ne soient les principaux détenteurs de la houille dans le bassin de la Loire.

usse des prix. Ont-ils opéré la hausse des prix ?

Pendant les premières années de l'association houillère, ses promoteurs ne faisaient aucune difficulté de convenir qu'elle s'était constituée pour relever les prix, et qu'elle les avait relevés dans une proportion quelconque. Il n'y avait de débat que sur la quotité de la hausse. Les conseils municipaux des villes et communes du département attestaient une hausse qui, suivant les qualités de houille, pouvait varier de 50 à 100 et 120 pour cent, ils indiquaient les chiffres et les exploitations.

La Compagnie des Mines cherchait à atténuer la proportion de la hausse, mais elle ne la niait pas ; elle en fit l'aveu devant la sous-commission ministérielle. L'on voit dans le rapport de cette commission ses déclarations, que son bénéfice sur les extractions de 1846 avait été, terme moyen, de fr. 0,15,4 par quintal métrique : que, d'après ses prévisions, les produits de ses exploitations, s'élèveraient dans les trois années suivantes de 12,604,000 quintaux métriques, au terme moyen de 14,400,000; que ses prix de revient seront réduits dans une grande proportion, *tandis que ses prix de vente déterminés aujourd'hui par d'anciens marchés très-onéreux pour elle, mais qui sont près d'expirer, ne peuvent manquer de s'élever*, qu'elle espérait élever son bénéfice à 0,37,25 par quintal métrique, et que le bénéfice total, pendant trois ans serait, année commune, de 5,400,000 fr., à partir de 1847.

Ces révélations frappèrent les membres de la sous-commission. Ils exprimèrent l'extrême danger de voir réunir, dans une seule main, 32 concessions sur 60 que contient le bassin de la Loire, et la crainte de *voir augmenter notablement le prix de la houille dans un avenir prochain, si des mesures énergiques n'étaient pas bientôt prises.* « La Compagnie, ajoutaient-ils, *a pris soin de lever elle-même tous les doutes que l'on aurait pu conserver à cet égard, puisque dans l'estimation des bénéfices qu'elle espère réaliser, à partir de 1847, elle porte son prix moyen de vente à* 1 fr. 125 par quintal métrique. *Un tel prix serait sans exemple dans le bassin de la Loire, il dépasserait de* 0 fr. 24,7 *celui de novembre* 1845, *qui déjà dépassait tous ceux des années antérieures.* — Si les conditions actuelles de l'exploitation restant les mêmes, le prix moyen atteignait ce taux, par le seul effet du renchérissement proportionnel de chaque sorte de houille, tout porte à penser *que la prospérité de plusieurs industries importantes serait sérieusement compromise.* »

La Compagnie a réalisé, en 1847 et 1849, les bénéfices qu'elle s'était promis (37 c. 25 par quintal métrique); or, comme l'a attesté la sous-commission, ce bénéfice dépasse de 24,7 celui de novembre 1845, qui déjà dépassait ceux des années antérieures.

Les extractions de la Compagnie, en 1849, se sont bornées à 7,637,095 quintaux métriques, qui ont donné un produit direct de 3,325,283 fr., déduction faite des frais d'extraction, c'est 38,74 par quintal métrique. Il est vrai que, sur ce produit, elle a eu à supporter des intérêts, des annuités d'amortissement, des pertes sur le bail du canal de Givors, etc., mais ces charges ne sont pas inhérentes aux concessions de mines et ne grèvent pas les autres Compagnies d'exploitants (1).

---

(1) Les comptes rendus publics de la Compagnie sont enveloppés d'obscurités et de réticences ; ils ne rappellent ni les recettes brutes, ni les frais d'extraction, ce qui aurait divulgué les véritables prix de vente et l'importance de la hausse. Dans une lettre du 30 juillet 1850, les administrateurs

À moins de se démentir elle-même, la Compagnie ne peut contredire ce qu'elle a déclaré à la commission, et ce que la commission a constaté. La hausse factice des prix, opérée au mois de novembre 1845, aussitôt après l'organisation de la Compagnie unitaire, augmentée notablement en 1847, n'a été abaissée, pendant quelques mois en 1848, qu'à cause des circonstances ; mais bientôt elle a été considérablement relevée. C'est ce qui est établi par un document officiel, le rapport de M. Drouot, ingénieur des mines de l'arrondissement de Saint-Étienne, en date du 3 mai 1849.

« La Compagnie des Mines, y est-il dit, avait un peu baissé les prix, dans le cours de l'année 1848, *mais elle les a relevés considérablement à l'automne*..... Depuis l'automne dernier, presque toutes les Compagnies dissidentes font travailler six jours par semaine, tandis que la Compagnie des Mines, après avoir un peu accru l'extraction pendant quelques mois, est retombée à un travail moyen de quatre jours par semaine, faute de débouché pour ses produits *et par suite de la hausse des prix.* »

Pour contredire un fait aussi public, qu'ont fait les organes de la Compagnie ? Tantôt, ils ont argumenté des évaluations qui sont faites annuellement du prix moyen de la houille pour l'assiette de l'impôt, tantôt ils ont cité les prix extraordinaires de 1838.

Ces points de comparaison ne sont propres qu'à induire en erreur. Les évaluations du produit des mines faites en présence de délégués qui représentent les exploitants redevables sont toujours atténuées, soit en déclarant des prix inférieurs à la réalité, soit en réduisant la proportion des gros charbons qui se vendent plus cher que les menus. Il en est du produit des mines comme du produit des terres qui a été évalué dans les matrices cadastrales au-dessous de la valeur réelle.

délégués avaient promis d'*exposer les faits, les actes, les chiffres*, pour laisser le public juger. D'après cette promesse, on les a interpellés de faire connaître, d'après leurs livres, les prix d'extraction de la houille et le produit des ventes. Ils ont sans doute vu un danger dans la publicité de ces chiffres, car ils ont refusé de les fournir ; ils sont allés jusqu'à dire, dans une lettre du 10 août, que *quels que soient les moyens employés pour les amener à une discussion, on ne réussirait pas.* Il ne s'agissait pas d'une discussion, il s'agissait d'exposer des faits et des chiffres, comme ils l'avaient promis, dix jours auparavant. S'ils tenaient à édifier le public, ils n'auraient pas dû reculer devant un moyen de l'éclairer. Au lieu de documents certains, ils nous ont donné des tableaux de prix complétement inexacts, arrangés au besoin de leur défense.

Les prix extraordinaires de 1838 ne furent que momentanés. La hausse occasionnée par l'insuffisance de l'extraction disparut bientôt par la cessation de la cause qui l'avait produite : les prix durent reprendre leur cours normal et habituel, dès que l'extraction put satisfaire à tous les besoins de la consommation. Il se passa en 1838 pour les houilles, ce qui eut lieu accidentellement en 1847 pour les céréales. S'il s'agissait de connaître le cours habituel des grains, on n'irait pas consulter le cours exceptionnel de 1847 ; c'est cependant ce que font les défenseurs de la Compagnie, lorsqu'ils comparent leurs prix à ceux de 1838.

M. Lanyer, député de Saint-Étienne, fit connaître la vérité, à la chambre élective, lorsque, dans la séance du 24 mars 1846, il posa en fait, sans être démenti, que l'association houillère, s'étant rendue maîtresse des prix, elle les avait haussés dans les proportions suivantes :

	PRIX DE 1844.	PRIX DE 1846.	AUGMENTATION.
Charbon grêle	1 ou 1,05. (100 kil.)	de 1,50 à 1,95.	60 p. 100.
Charb. menu ord⁰	35 ou 40,	de 50 à 60.	70 p. 100.

Ultérieurement ce charbon a été élevé à 70, 80 et 90. 100 p. 100.

Les syndics des anciennes compagnies reconnurent la réalité de la hausse dans une lettre insérée au *Courrier de Lyon*, le 8 mai 1847. *La houille menue*, disaient-ils, *qui, pour les établissements métallurgiques, s'obtenait en 1844, à 40 c. les 100 kilogr. s'est élevée à 60 et 65 c.* Ainsi, ils avouaient une hausse de 50 à 65 pour 100. Aujourd'hui la même houille est vendue sur le carreau des mines à 80 c. au moins ; elle est cédée aux usines telles que les verreries à 70 c. Que les organes de la coalition osent nous démentir !

ils ont cité les marchés à livrer qui ont été contractés par la compagnie avec les directeurs des grandes usines, telles que les fonderies et forges de la Loire et de l'Ardèche, la compagnie d'éclairage au gaz de Lyon ; et ils en ont induit qu'il n'y a pas eu hausse de prix. Mais ce qu'ils ne disent pas, c'est que ces marchés souscrits à la naissance de la Compagnie, ne l'ont été que par calcul. Les instigateurs du monopole craignaient d'avoir pour contradicteurs les nombreux intéressés de ces Compagnies; ils voulurent diminuer le nombre de leurs adversaires. Ce qui ne permet pas d'en douter, ce sont leurs regrets d'avoir consenti ces marchés.

Devant la Commission ministérielle, la Compagnie fit observer qu'elle était engagée par *d'anciens marchés très-onéreux pour elle,* et qui étaient près d'expirer, de sorte que, d'après elle, *les prix ne pouvaient manquer de s'élever.*

Or, on le demande, a-t-il été permis aux organes de la Compagnie de s'appuyer, pour dénier le fait de la hausse, sur une base aussi fausse que celle de marchés qu'elle n'entend pas renouveler. Les prix temporairement réduits ne l'ont été que par des motifs peu avouables et par exceptions. Un petit nombre d'exceptions en faveur de certaines industries n'a pas empêché l'exercice du monopole et l'exaction d'une hausse énorme à l'égard de toutes les autres.

La Compagnie a produit au Conseil général de la Loire un tableau des prix qu'elle a perçus depuis 1847, pour établir que les prix n'ont pas sensiblement varié. Ce tableau incomplet ne prouve rien, puisque la hausse la plus notable a eu lieu au commencement de 1847. Comparer les prix des deux époques de hausse, ce n'est pas une preuve négative des prix antérieurs. Pour constater l'élévation des prix, indépendamment des aveux de la Compagnie, il faut comparer les prix de 1844, avec ceux des années postérieures à l'organisation de la coalition. Cette comparaison établit une hausse excessive; mais ne fut-elle que de 50 p. % au lieu de 100 ou 120, elle n'en constituerait pas moins le délit de monopole.

L'un des organes de la coalition a déclaré qu'elle vend sur le marché de Lyon la houille menue de qualité ordinaire 1 fr. 40 c. l'hectolitre, pesant 80 kilogr., ou 1 fr. 75 c. le quintal métrique. Le fait est d'ailleurs attesté par les factures que délivrent journellement leurs commissionnaires. Déduction faite des frais de transport, le quintal revient à la mine à 90 ou 95 centimes, tandis qu'il ne se vendait en 1844 que 35 à 40 c. Comme on le voit, la hausse est assez importante, puisqu'elle est du double et plus.

Au mois d'octobre 1847, un autre organe de la Compagnie, le gérant du *Rhône et Loire,* aujourd'hui son employé, ne niait pas que les prix eussent été haussés, mais il prétendait que, pour constituer le délit de monopole, il fallait prouver que la hausse était abusive: il fut facile d'établir que l'abus résulte du fait même de la hausse. L'art 419 du code pénal n'exige pas cette condition. Les expressions abusivement et injustement qui se trouvaient dans la rédaction primitive de l'art 414, relatif aux ouvriers, en ont été depuis retranchés comme inutiles, par la loi de novembre 1849. Ce qui résulta de la polémique engagée, c'est qu'il y avait hausse, faible suivant les uns, considérable suivant les autres.

Que d'invraisemblances ne faudrait-il pas dévorer pour croire aux dénégations tardives de l'association houillère, après les aveux que nous avons rapportés. Si les prix n'avaient pas été haussés dans une forte proportion, les administrateurs auraient-ils pu répartir des dividendes importants à leurs actionnaires, nonobstant la valeur exagérée attribuée aux concessions? auraient-ils pu faire des diminutions de prix à certaines usines et aux consommateurs éloignés? car on ne supposera pas qu'ils leur vendent à perte.

Qu'ils concilient, s'il est possible, les aveux qui ont été répandus dans leurs écrits jusqu'à l'année dernière, et les dénégations actuelles? En 1845, ils se réunissaient pour relever les prix; en 1847, devant la sous-commission ministérielle, ils déclarent qu'ils élèveront leurs bénéfices de 15 à 37 c. par quintal métrique; le 8 mai 1847, ils impriment que la houille menue a été portée de 40 à 65 c. pour les usines, et aujourd'hui ils prétendent que les prix n'ont pas varié d'une manière appréciable. Pour soutenir une assertion aussi contraire à la vérité, il faut autant d'intrépidité qu'il faudrait d'absurdité pour la croire. Qu'une enquête soit faite, comme le Conseil municipal de Saint-Etienne le demanda le 7 février 1848, et l'on verra sur qui retombera la confusion du mensonge.

M. Terme, maire de Lyon, en était bien convaincu, lorsque répondant le 24 mars 1846, au ministre qui ne trouvait pas la preuve de la hausse des prix dans les documents officiels des années précédentes, lui faisait observer que ces documents ne pouvaient lui apprendre une hausse qui ne s'était produite que depuis.

« Nous devons nous en rapporter, disait-il, aux assertions d'un ingénieur des mines de Saint-Étienne. Eh bien ! suivant M. Fénéon, le prix de la houille a subi depuis un accroissement de 40 à 50 centimes. Voici un fait qui est alarmant pour toutes les industries, et qui, en effet, a porté l'inquiétude dans toutes les populations, ce fait parait-il suffisant à M. le Ministre? Un fait si grave pourra-t-il le déterminer à poursuivre l'Association comme coupable de coalition? Il faut, nous a-t-il dit, que les populations s'alarment de l'existence des associations ; mais comment les populations exprimeront-elles les alarmes qu'elles auront conçues ? Ce ne sera sans doute pas par une perturbation profonde ; elles ne pourront exprimer leurs justes inquiétudes que par l'organe des corps qui les représentent. — Eh bien ! ces corps, depuis la Chambre de Commerce de Saint-Etienne jusqu'au Conseil général de la Loire, depuis le Conseil municipal de Lyon jusqu'au Conseil général des manufactures, tous ont réclamé contre l'Association et ont déclaré qu'à leurs yeux, elle menaçait les intérêts publics et se rendait coupable de coalition. »

Les défenseurs de la Compagnie ont bien senti qu'il était difficile d'échapper à une accusation formelle de monopole ; ils ont cherché à éluder la poursuite.

Réponses aux objections. Il faut distinguer, ont-ils dit, entre la *coalition illicite qui doit faire hausser artificiellement le prix d'une denrée et l'esprit d'association largement compris qui est utile dans la plupart des cas et nécessaire dans un grand nombre. La coalition que réprouve la loi n'est autre chose qu'un accord subreptice et essentiellement passager entre les producteurs ou les détenteurs d'une marchandise ; mais il n'en est pas ainsi de l'association, qui est une alliance durable entre différents producteurs.*

Telle est l'argumentation présentée en faveur de la Compagnie. L'écrivain a puisé dans sa fertile imagination la distinction qu'il propose ; elle n'existe ni dans la loi, ni dans la nature des faits.

L'art. 419 du code pénal ne distingue pas si la réunion ou coalition est éphémère ou durable, cachée ou ostensible, combinée entre quelques individus ou un grand nombre, revêtue ou non des formes de l'association ; il s'exprime en termes généraux, il interdit toute *réunion* ou *coalition*. Le mot réunion comprend tout accord ou convention entre les principaux détenteurs d'une denrée pour en hausser le prix. L'Association est-elle autre chose qu'une forme, une espèce de réunion ? l'espèce n'est-elle pas comprise dans le genre ?

Que l'Association ait plus ou moins de durée ; qu'elle opère au grand jour, ou en secret ; que ses membres soient plus ou moins opulents, ces circonstances peuvent-elles l'excuser, si elle est illicite ? Comment peut-on juger sa moralité, si ce n'est par ses résultats, par ses effets permis ou condamnés? Or, l'Association houillère n'a-t-elle pas arbitrairement haussé les prix de la houille dans une proportion énorme au grand préjudice de toutes les industries et des populations du pays? n'a-t-elle pas rançonné les consommateurs sans pitié, et particulièrement ceux de la localité qui avaient des droits particuliers à être approvisionnés à bon marché? Le corps du délit, ce n'est pas la forme de la réunion des exploitants de mines, c'est l'espèce de concussion qu'ils ont commise, qu'ils commettent journellement, et qui se compte par millions. Oserait-on prétendre que plus un délit est grave, plus il doit se perpétuer, que plus il se reproduit au grand jour, moins il doit être puni?

Les défenseurs du monopole ont beaucoup d'habileté; mais ils ne parviendront jamais à persuader qu'il suffise de changer la dénomination d'une réunion ou coalition, pour échapper à la prohibition des lois, pour établir *sous prétexte de bien public*, une domination d'argent, la plus impitoyable de toutes, sur tous ceux qui ont un besoin quotidien de combustible. Que diraient-ils s'ils étaient eux-mêmes manufacturiers, maîtres de verrerie, par exemple, fournissant du travail à un plus ou moins grand nombre d'ouvriers, et si la hausse du combustible leur enlevait, non seulement le bénéfice ordinaire, mais entamait le capital et les conduisait à la ruine! Viendraient-ils encore célébrer les bienfaits de la coalition?

Ils prétendent que la loi du 27 avril 1838 a implicitement autorisé les associations d'exploitants, en obligeant ceux dont les mines sont inondées à en faire l'épuisement à frais communs. C'est faire une fausse interprétation de cette loi. L'épuisement en commun des mines dont les galeries sont en communication, était une mesure utile et nécessaire; les exploitants devaient être assujétis à l'exécuter pour la conservation des richesses minérales, à peine de déchéance des concessions; mais le travail d'épuisement n'exige en aucune manière l'association des concessionnaires. La loi se borne à ordonner la répartition de la dépense entr'eux, d'après les bases qu'elle indique. Hors cette dépense à laquelle chaque concession intéressée contribue, les concessionnaires exploitent, chacun dans son intérêt, les mines qui leur ont été concédées. Il en est de même lorsque des propriétaires de fonds riverains d'un fleuve font construire une digue pour les garantir des inondations, la contribution à la dépense commune n'établit, ni la confusion des propriétés garanties, ni l'association entre les propriétaires.

En vain a-t-on voulu donner une couleur politique à la défense des industries rançonnées. Ces insinuations perfidement répandues sont aussi absurdes que la prétendue transaction acceptée par la ville de Saint-Étienne. Lorsque des protestations se sont élevées au mois d'août 1845, de la part du Conseil municipal de cette ville et du Conseil général de la Loire contre la coalition houillère, même avant son organisation, il ne s'agissait pas d'une lutte d'opinions politiques. Tous les corps délibérants qui, avant la Révolution de février comme depuis, ont présenté leurs vives réclamations contre le monopole, se sont appuyés sur des motifs d'intérêt général et d'ordre public. Les systèmes politiques n'y sont pour rien. Si l'on pouvait voir quelque chose de commun, ce serait entre le Socialisme et l'Association houillère; l'un et l'autre veulent écarter toute concurrence par l'Association générale; le premier pour augmenter les salaires, la seconde pour étendre les profits du capital.

Après avoir écarté toutes les objections des partisans du monopole, l'on est forcé de reconnaître que la coalition houillère est sous le coup de l'article 419 du code pénal.

§ II.

NÉCESSITÉ DE LA CONCURRENCE.

Les organes de la coalition ont prétendu qu'elle a eu le droit d'employer les moyens de faire cesser une concurrence *déréglée, abusive*.

Rien de plus faux qu'une proposition qui conduirait à la justification du monopole. On éprouve une sorte d'embarras à combattre un système adroitement présenté qui attaque les vérités les plus évidentes, des vérités dont on ne devrait pas avoir besoin de fournir la démonstration. Est-il besoin, en effet, de démontrer qu'il faut garder sa foi, respecter la liberté civile, religieuse ou industrielle, maintenir la concurrence dans les ventes ou achats, s'abstenir d'imposer sa volonté comme règle des marchés ?

Mais, puisqu'on persiste dans une fausse doctrine, nous allons établir que le vœu de la loi, la jurisprudence et les principes de l'économie politique repoussent également le système de la Compagnie des Mines.

I. LE VŒU DE LA LOI. Ce qui est légal, ce n'est pas le monopole, c'est la libre concurrence. Les lois de 1790 et 1791, en abolissant les corporations d'arts et métiers, proclamèrent la liberté du commerce et de l'industrie. Cette règle est passée de nos lois dans nos mœurs. Voyez ce qui se passe dans la société. Parle-t-on d'un monopole, ou même d'une simple tentative, aussitôt l'opinion publique se prononce et s'indigne. Rien n'est plus odieux que les coalitions illicites qui veulent s'enrichir aux dépens du public, et qui taxent arbitrairement les denrées qu'elles ont accaparées.

La concurrence ! voilà le principe de notre législation et le stimulant des progrès de l'industrie. La loi n'en reconnaît pas deux espèces, l'une utile et l'autre abusive; il n'est pas permis d'admettre une distinction que la loi n'autorise pas.

M. Vatimesnil, rapporteur du projet devenu loi des 11 octobre, 19 et 27 novembre 1849, en rappelant les dispositions des art. 419 et 420 du Code pénal, ajoutait :

« Le législateur prononce des peines contre les détenteurs d'une même marchandise ou denrée, toutes les fois que la coalition a pour objet d'opérer la hausse ou la baisse des prix au-dessus ou au-dessous de celui qu'aurait déterminé la *concurrence libre et naturelle du commerce* ; la pensée du législateur se révèle dans les expressions que je viens de transcrire. *Le prix de toutes choses doit être déterminé par la concurrence* ; et, ce qui rend les coalitions illicites et punissables, c'est qu'en étouffant la concurrence, elles tendent à substituer un prix factice à un prix réel et loyal. *La concurrence est la puissance vitale de l'industrie et du commerce* ; l'émulation est la puissance vitale des travaux intellectuels et des arts libéraux. »

Nous ne connaissons qu'une exception à la règle de la libre concurrence, en faveur des particuliers : c'est celle du privilége que donne à l'inventeur le brevet d'invention pour la fabrication exclu-

3

sive du procédé breveté, pendant la durée du brevet. L'exception confirme la règle générale dans tous les autres cas.

« Lorsque le législateur, disait M. Michel Chevalier, dans la séance du 25 mars 1846, a fait la loi de 1810, son intention formelle était d'organiser l'exploitation des mines dans le système de la concurrence, parce qu'il savait très-bien que c'était l'intérêt du producteur qui s'alimente de houille, et du consommateur qui a besoin des produits à bon marché. Ces traditions de concurrence sont restées inébranlablement fixées dans le sein de l'Administration. Je puis en parler en connaissance de cause, car il m'est arrivé plus d'une fois d'assister, comme ingénieur, aux délibérations du Conseil général des Mines; comme conseiller d'État en service extraordinaire, aux délibérations du Conseil d'État. J'affirme, sans craindre d'être démenti par M. le Ministre, que c'est l'esprit de concurrence qui anime toujours ces deux Conseils, quand il s'agit de distribuer des concessions. — Après cela, lorsqu'une compagnie se présentera avec cette *monstrueuse agglomération de concessions,* avec cet immense pouvoir de détenir et de *vendre au prix qu'elle veut* la matière première la plus nécessaire à l'industrie française, je demande si le gouvernement pourra et devra lui accorder l'existence légale qu'elle sollicite à titre de société anonyme. *Il ne le pourra pas et ne le devra pas.* »

Un avocat-général près la Cour de Cassation, s'expliquant sur la défense de coalisés qui prétendaient avoir eu le droit de combattre une concurrence qu'ils qualifiaient de *déplorable,* disait avec raison :

« Ce système de défense tendrait à substituer au fait de la libre concurrence, fait régulateur du prix des marchés, un autre régulateur que nous chercherions vainement dans l'organisation actuelle du commerce, parce qu'il ne pourrait y trouver place. Où serait ce régulateur? à qui appartiendrait-il de déclarer que tel prix est le prix normal des marchandises, et d'imposer ainsi un maximum et un minimum? N'est-il pas évident que, si on entrait dans cette voie, on rétablirait l'ancien système des maîtrises, sous forme de coalitions tolérées? Ce système a disparu pour faire place à celui de la libre concurrence. »

II. *La Jurisprudence.* L'autorité judiciaire et l'autorité administrative ont toujours fait respecter le principe de la libre concurrence.

Il serait trop long de rappeler tous les arrêts qui ont réprimé ou puni les coalitions illicites tendant à l'écarter. Nous nous bornerons à indiquer un arrêt de la Cour d'Appel de Bourges, du 11 août 1826, confirmé par la Cour de Cassation, le 18 juin 1828, où il est dit que *l'ordre public exige pour le commerce la plus entière liberté; qu'il n'est pas permis d'écarter la concurrence, le seul moyen de mettre aux marchandises leur véritable prix.*

Un autre arrêt, rendu par la Cour régulatrice, le 9 janvier 1837, juge que l'art. 419 du Code pénal ne protège pas seulement les intérêts généraux, ou des masses qui ont eu à souffrir d'une coalition, mais aussi les intérêts privés qu'une coalition a eu pour objet de léser, lorsqu'elle a produit la hausse ou la baisse des denrées, au-dessus ou au-dessous du prix qu'aurait déterminé la *concurrence libre et naturelle du commerce.*

Le même principe a été appliqué aux fabricants de soude de Marseille et aux assureurs de Bordeaux, accusés de coalition, par arrêts des Cours d'Aix et de Bordeaux, des 17 juin 1838 et 16 mai 1844, confirmés par la Cour de Cassation, les 31 août 1838 et 16 mai 1845.

Le gouvernement a appliqué le principe de la libre concurrence dans plusieures circonstances, notamment en interprétant la disposition de l'art. 59 de la loi du 21 avril 1810, qui assujétit le propriétaire d'un fonds renfermant des minerais de fer à *les exploiter en quantité suffisante pour fournir aux besoins des usines établies dans le voisinage.* S'appuyant sur ces expressions de la loi, les maîtres de forge de la Haute-Saône prétendaient que ces minerais leur étaient exclusivement affectés, et que le propriétaire ne pouvait en vendre aux maîtres de forge du département de la Loire.

La loi, répondaient ceux-ci, n'a pas défini l'expression de voisinage employée dans l'art. 59. Elle a sans doute voulu assurer l'approvisionnement non seulement des usines les plus rapprochées par la distance, mais encore de celles qui sont les plus à portée des minières, par la facilité des communications; car, un espace de quelques lieues, par des chemins en mauvais état, est plus difficile à franchir que trente ou quarante lieues par une navigation fluviale. Attribuer exclusivement à quelques usines les minerais abondants qui existent dans une contrée, ce serait leur accorder un privilége préjudiciable à l'industrie, *écarter la concurrence, qui est si favorable au commerce,* et compromettre l'intérêt général de la Société.

Ces raisons furent adoptées par le Ministre de l'Intérieur, le 1er juillet 1826. Il reconnut que les propriétaires exploitant des minerais de fer qui fournissaient aux besoins des usines voisines avaient la faculté de disposer librement du surplus de leur extraction.

Les fabricants et artisans de Saint-Etienne avaient aussi un droit exclusif sur les produits des mines situées dans un rayon de deux mille toises autour de cette ville, en vertu des arrêts du Conseil de 1724, 1739 et 1763. Lorsqu'en 1824, il fut question d'instituer les concessions de mines dans le bassin de la Loire, l'on demanda s'il y avait lieu à maintenir ce privilége. Le gouvernement crut devoir adopter l'avis de M. Beaunier, ingénieur des Mines, qui se rattacha au principe de la libre concurrence, dont l'effet serait de maintenir la houille à un prix modéré. Qu'arriverait-il, si le monopole était toléré ? La ville de Saint-Etienne serait privée non seulement de l'espèce d'affouage qui lui avait été concédée, mais encore de la concurrence qui devait la remplacer. Serait-il juste de lui ravir tout à la fois les avantages de sa situation et la modération des prix que la concurrence seule peut lui garantir ?

III. Les *principes de l'économie politique* repoussent aussi toute espèce de privilége ou monopole, et considèrent la concurrence comme la condition des progrès de l'industrie.

« Dans l'état régulier et normal de l'industrie et du commerce, deux éléments déterminent le prix de toutes choses, y compris le travail. Ces deux éléments sont premièrement la proportion entre les offres et les demandes ; en second lieu, la concurrence d'une part, entre ceux qui font les offres, et de l'autre, ceux qui font les demandes. Quand ces éléments de la fixation des prix agissent sans entrave, l'industrie, le commerce, le travail sont libres, et les prix s'établissent d'une manière vraie et loyale. Dans le cas contraire, la liberté est altérée et les prix deviennent factices. Or, les coalitions ont pour effet manifeste de détruire ou modifier les bienfaits de la concurrence ; elles sont donc contraires à la liberté du commerce, de l'industrie et du travail. » *(Rapport sur la loi contre les coalitions).*

Le commerce libre peut subvenir aux besoins des consommateurs beaucoup mieux que le commerce concentré dans les mains d'une Compagnie maîtresse des prix.

Celle-ci, assurée de vendre, ne se met point en peine de satisfaire les acheteurs. Voulant réaliser de gros bénéfices, elle tient à haut prix les objets accumulés dans ses entrepôts. Si elle éprouve de l'encombrement, elle a recours à des moyens qui ne sont pas toujours avoués par la morale.

Le commerce libre, au contraire, opère avec économie, sans l'intervention d'un personnel largement rétribué; il compose mieux ses assortiments, consulte le goût et les besoins de la consommation et se contente d'un bénéfice modique, ce qui lui attire la préférence.

Les économistes sont unanimes pour flétrir les priviléges et les monopoles qui ont le grave inconvénient de nuire à la production, de renchérir la marchandise pour le consommateur et de donner une direction fâcheuse aux capitaux.

« Je conçois, disait Turgot, que des maîtres de forge (ou autres manufacturiers) gagneraient davantage, s'ils avaient moins de concurrents; il n'est point de marchand qui ne voulût être vendeur unique de sa denrée; il n'est point de commerce dans lequel ceux qui l'exercent ne cherchent à éviter la concurrence et ne trouvent *quelques sophismes pour faire accroire que l'État est intéressé à écarter du moins la concurrence* des étrangers. »

Un autre économiste, en signalant les funestes effets de l'esprit de monopole qui se répandit, sous l'ancien régime, parmi certaines classes de la société, ajoutait : « On eût dit qu'il fallait que chaque branche de commerce se fît par des Compagnies. Il s'en formait tous les jours : des protecteurs sollicitaient pour elles, souvent avec succès. Ils vendaient leur crédit et ne s'en cachaient pas. Chacun croyait pouvoir se permettre ce qu'il voyait faire. C'était le monopole des grands. Ces Compagnies avaient toujours *pour prétexte le bien de l'État;* et elles ne manquaient pas de faire voir, dans les priviléges qu'on leur accorderait, de grands avantages pour le commerce lui-même. »

Tel est le langage des promoteurs de la coalition houillère. A les entendre, ils ont voulu concilier tous les intérêts : celui de l'État, en assurant le bon aménagement des Mines; celui des ouvriers et celui des consommateurs. Le seul dont ils ne parlent pas, c'est leur propre intérêt qu'ils savent faire prévaloir sur tous les autres.

Lors de l'enquête relative aux droits d'entrée sur les houilles étrangères, en 1832, les exploitants de mines en demandèrent le maintien. On leur faisait observer que les prix de la houille étaient trop élevés en France, et que tous les travaux publics et particuliers étaient intéressés à leur abaissement. Ils répondaient: « Donnez à l'industrie minérale le temps de se développer et les prix s'abaisse-

ront par le seul effet de la concurrence intérieure. Cet effet s'est naturellement produit avec le temps, et aujourd'hui les exploitants de
mines ne veulent plus de la concurrence; ils veulent échapper par
des voies illicites à une modération de prix qu'ils avaient eux-mêmes
prévue et promise.

Suppression
de
la concurrence.

Les organes de la Compagnie ont dit (*notes et considérations* p. 52)
que la *concentration des mines a fait cesser les abus de la concurrence,* et en même temps pour une contradiction manifeste que *la
concurrence existe dans le bassin de la Loire aussi active qu'on peut
le désirer.*

Comment la concurrence pourrait-elle subsister, lorsque l'on a vu
qu'en 1846 les exploitations de la Compagnie ont produit les cinq
sixièmes de l'extraction totale? Ce ne sont pas les exploitations libres
qui pouvaient la soutenir. Réduites à un sixième de la production,
elles ne pouvaient fournir qu'à une partie proportionnelle de la consommation. Il fallait donc que, pour le surplus de leurs besoins, les
consommateurs eussent recours aux exploitations coalisées, et qu'ils
subissent des prix excessifs.

La concurrence ne pouvait venir des autres bassins houillers, situés
à 150, 200 et 250 kilomètres de celui de la Loire. On sait que les frais
de transport de la houille menue, à 40 kilomètres par route de terre,
à 60 par chemin de fer en doublent la valeur. La houille des bassins
éloignés ne peut être transportée dans le département de la Loire, sans
quintupler de prix. La concurrence ne commence à s'élever qu'à la
moitié environ de la distance réciproque, aux points où le combustible
peut être transporté, de part et d'autre, à un prix égal.

Quant à la houille étrangère, elle ne peut faire concurrence qu'aux
houillères situées près de la mer ou des frontières, et nullement dans
les bassins intérieurs, tel que celui de la Loire.

La seule concurrence possible, utile et nécessaire, est celle qui doit
exister dans chaque bassin. Le monopole qui l'étouffe n'en est pas
moins coupable, quoiqu'il ne s'étende pas à toute la France et qu'il
se borne à un certain rayon.

C'est surtout au sujet des produits minéraux que la concurrence
doit être maintenue. Le monopole, au sujet des produits manufac-
turés est bien moins dangereux. Si une nouvelle branche de fabrica-

tion est exclusivement exercée sur un point du territoire, il s'élève bientôt, sur d'autres points, des manufactures rivales qui ramènent la concurrence. Ce remède n'existe pas à l'égard des produits de mines. Leur exploitation ne peut être déplacée. Si les mines sont au pouvoir d'une coalition maîtresse des prix, il est impossible de se soustraire à sa domination. L'*industrie houillère*, a dit M. Middleton, économiste anglais, dans une lettre adressée à la Chambre de Commerce de Saint-Etienne le février 1846, *est de toutes la plus incompatible avec le monopole. Ainsi le veut le bien-être des populations, surtout en France.*

M. Michel Chevalier, dont la Compagnie a rappelé les doctrines économiques, a fort bien démontré, lors de la discussion de 1846, l'oppression qui pèse sur les consommateurs, lorsque la concurrence n'existe plus.

» Le gouvernement, disait-il, autorisera-t-il la Société, ou bien, au nom de l'intérêt public, au nom de l'industrie française, au nom des classes ouvrières, au nom des idées fondamentales de la législation des mines, lui refusera-t-il cette autorisation ? Dans mon opinion, il n'y a pas d'hésitation possible, permise. Le devoir du gouvernement sera de refuser cette autorisation ; il le devra, parce que, ainsi que l'a reconnu le Ministre des travaux publics, il y a des dangers dans l'existence de cette Société. A mes yeux, ces dangers sont tellement graves, que l'industrie de plusieurs départements se trouverait réduite à une véritable situation de vasselage ; et ce vasselage de l'industrie, qui en paierait les frais ? c'est nous tous, c'est le consommateur. »

« L'industrie se sert, avec une prédilection toute particulière, des charbons de Saint-Etienne, parce qu'ils sont excellents, parce que des conditions particulières de topographie permettent à ces houilles de s'écouler dans toutes les directions. La houille de Saint-Etienne se consomme à Marseille et à Toulouse, à Paris et à Nantes. Je sais bien que sur les marchés éloignés la concurrence des autres bassins carbonifères et celle des houilles étrangères pourra, jusqu'à un certain point, contrebalancer tous les efforts d'envahissement et de monopole, que pourrait faire l'Association houillère de la Loire ; mais dans ce département essentiellement manufacturier de la Loire, dans ce département intérieur, complétement inaccessible à la houille de tout autre bassin français, et à plus forte raison à la houille étrangère, dans ce département, dans celui du Rhône et quelques autres, il n'y a aucun secours possible de la part des autres bassins, et c'est là qu'existera le vasselage. »

Ainsi que l'avait prévu l'économiste dont nous venons de rappeler les paroles, les consommateurs de houille des départements de la

Loire et du Rhône sont devenus les vassaux, les censitaires de la coalition houillère. N'ayant aucune concurrence à craindre, elle a élevé les prix au taux qu'elle a voulu, et elle les a exigés avec d'autant plus de rigueur que les consommateurs pouvaient moins échapper au monopole (1).

Pour excuser la hausse factice des prix, l'un des administrateurs de la Compagnie disait en 1847 : « Il n'est pas étonnant qu'il y ait hausse dans les prix, lorsque la denrée est peu abondante. » Cette excuse manquait d'exactitude, puisque, depuis 1846, l'extraction de la houille a excédé la consommation et que la Compagnie a réduit ses extractions de trois huitièmes. L'extraction qui s'était élevée, en 1846, dans les mines de la Compagnie, à 12,604,000 quintaux métriques, s'est réduite, en 1847, à 10,870,975, en 1848, à 7,844,531, en 1849, à 7,637,096 quintaux métriques.

La houille n'était pas rare, puisque, d'après les comptes-rendus, la Compagnie éprouvait un engorgement de produits et réduisait le travail des ouvriers à quatre jours par semaine. Le restant en magasin était, au 31 décembre 1847, de 850,323 hect., et, à la fin de 1848, de 1,896,104 hect. Eh bien ! c'est au moment où les magasins étaient remplis de houille, que la compagnie en a le plus haussé les prix. La hausse a donc été le fait de sa volonté et non la conséquence de la rareté du combustible.

(1) L'Association houillère cherche à justifier le monopole de la houille ; mais tous les monopoles ont été désastreux pour les pays où ils ont été tolérés.

L'un des plus horribles dont parlent les historiens est celui qui, en 1768 et 1769 excita, dans les deux mondes, la plus juste indignation contre les Anglais. La Compagnie des Indes orientales, protégée par le gouverneur lord Clive, était parvenue à faire passer entre ses mains tout le riz, subsistance principale et nécessaire de ces contrées, où la religion défend de se nourrir de la chair des animaux. La famine la plus désastreuse, dont les annales des temps modernes fassent foi, fut le résultat de la cupidité de cette Compagnie. Plusieurs millions d'Indiens périrent de faim, en respectant les immenses dépôts de grains qu'ils ne pouvaient acheter au prix exclusif du monopole. Le Parlement d'Angleterre montra d'abord l'intention de punir les auteurs de cette calamité ; mais « l'opulence, fondée sur le crime, dit Lacretelle, acheta son pardon, et des débats insignifiants n'annoncèrent que trop l'impunité des attentats dont les Indes pourraient encore être le théâtre. »

Le riz était le pain des Indiens. La houille est l'aliment du travail de plusieurs millions d'ouvriers, c'est le pain de l'industrie. Le monopole de l'un et de l'autre n'est-il pas également coupable ? Si, au récit de la grande injustice commise dans les Indes, il y a près d'un siècle, un sentiment d'indignation s'élève dans l'âme, le même sentiment pourrait-il ne pas pénétrer les témoins de celle qui se renouvelle chaque jour sous nos yeux ?

« Si la houille n'eût pas été dans les mains d'une Compagnie unique et puissante, s'il y eût eu la moindre concurrence, la surabondance de la matière eût dû amener une baisse de prix ; c'est le contraire qui a eu lieu.

§ III.

INCONVÉNIENTS ET ABUS DE LA CONCENTRATION DES MINES.

Ce n'est pas la première fois que, dans le bassin houiller de la Loire, des compagnies de spéculateurs ont cherché à obtenir, ou à se procurer le privilège exclusif d'exploiter les mines de houille.

Au milieu du dernier siècle, un baron de Vaux obtint un arrêt subreptice qui lui attribuait le droit exclusif d'extraire les mines de houille, dans un territoire fort étendu, près de Saint-Étienne. Les propriétaires et commerçants en signalèrent tous les inconvénients, et le privilège fut révoqué par l'arrêt du Conseil, du 7 novembre 1763.

La Compagnie Berthelot en 1768, la Compagnie Mathieu en 1773, la Compagnie Cerfvol en 1780, la Compagnie Rousseau en 1784, firent de nouvelles tentatives pour jouir du privilège exclusif d'exploiter les mines. Toutes prétendaient avoir seules les connaissances nécessaires pour se livrer à une exploitation régulière ; toutes faisaient valoir les considérations de bien public, le bon aménagement des mines, l'économie des frais d'extraction, l'exécution de grands travaux préparatoires, le développement de l'industrie minérale. L'Association houillère emploie les mêmes prétextes pour faire excuser le monopole qu'elle exerce depuis cinq ans. C'est toujours le même langage et les mêmes prétentions.

Que répondaient les populations du pays aux assertions des concessionnaires et aux considérations qu'ils faisaient valoir ? Nous citerons les propres expressions employées dans les Mémoires du temps.

« Le bien public, ce mot sacré qui roule sur les lèvres de tant de gens et qui n'entre que dans les âmes grandes et vraiment patriotiques, a servi de prétexte pour la solliciter et l'obtenir (la concession). Le bien public ne peut se fixer ici que sur deux objets : l'abondance de la matière qui opère une diminution dans le prix ; la bonne exploitation qui en conserve la source.

4

« Pour procurer cette abondance, il faut faciliter l'extraction, encourager les propriétaires à l'entreprendre, exciter l'émulation dans les extracteurs. La diminution dans le prix ne peut naître que de *la concurrence et de la liberté établies dans l'exploitation et la vente des matières. Leur premier effet est d'écarter toute espèce de monopole.* La concession, au contraire, en confiant à des mains privilégiées la disposition exclusive des carrières de charbon, éteint toute émulation, *dissipe toute concurrence, détruit toute liberté* et *introduit nécessairement l'arbitraire* dans la valeur d'une chose usuelle et que le besoin rend indispensable............, que les concessionnaires cessent de stipuler les intérêts de l'utilité publique : qui connaît bien les hommes se persuadera aisément que ce n'est pas ce ressort qui les fait mouvoir......... S'agit-il de faire passer un privilège : l'intérêt de l'État et du public, l'avantage même des particuliers, les talens, la fortune et le désintéressement des *projetteurs* sont toujours les objets qu'ils présentent en spéculation. Ces idées vulgaires n'en imposent plus. Les progrès de l'entreprise font disparaître de si belles espérances : l'expérience en a convaincu. Sont-ils en possession ? Le désir d'une fortune immense et rapide étouffe en eux tout autre sentiment, et, dans la suite, ils ne manquent pas de prétextes pour se dispenser de l'exécution des engagements qu'ils avaient contractés sous l'espoir du succès ; les matières sont moins abondantes, les dépenses excessives...... Si le prix du charbon augmente, ce qui est malheureusement inévitable, tous les objets de fabrication qui doivent leur existence au charbon augmenteront à proportion. C'est assez pour que les manufactures du Forez s'anéantissent elles-mêmes, par la perte d'une concurrence qu'elles conservent depuis si long-temps avec les manufactures étrangères. »

Telles étaient les réflexions présentées, il y a plus de soixante ans, contre les Compagnies qui se présentèrent pour exploiter sans concurrence les Mines de la Loire (Consultation signée *Hardoin, Duveyrier*, 24 avril 1785.)

Les réclamations de l'industrie locale qui sont aujourd'hui appuyées par les mêmes considérations, furent accueillies par l'ancien gouvernement. Un arrêt rendu le 21 février 1786, au Conseil royal des finances, rapporta la concession faite au sieur Rousseau par un arrêt du 20 juillet 1784. Le pays échappa au monopole, sous le gouvernement d'une monarchie absolue; pourrait-il y être condamné sous celui d'une République qui a proclamé la liberté industrielle?

De même que les anciens concessionnaires, favoris de cour, les organes de la coalition ont entrepris d'établir, à l'aide d'assertions démenties par les faits, que la concentration des concessions est favorable au bon aménagement des mines. C'est sous ce *prétexte de bien public* qu'ils ont demandé l'autorisation de leur société anonyme, autorisation qui impliquerait l'approbation de la concentration opérée.

Nous démontrerons 1° que l'agglomération des concessions n'est point tolérable, en ce qu'elle supprime leur individualité et favorise le monopole;

2° Qu'elle est nuisible à l'exploitation complète des Mines;

3° Que l'on remarque dans les exploitations coalisées plus de vices d'exploitation que dans les exploitations libres;

4° Qu'il y a abus dans les ventes et les prix de la coalition;

5° Qu'il y a aussi abus envers les ouvriers mineurs.

INDIVIDUALITÉ DES CONCESSIONS.

I. La concession d'une mine est un droit, un corps moral qui ne peut être, ni divisé, ni confondu avec d'autres. Elle ne peut être modifiée que par le pouvoir qui l'a instituée. Il en résulte que chaque concessionnaire est tenu d'exploiter et de satisfaire aux besoins de la consommation, sans pouvoir rejeter cette charge sur ses voisins. Toute concession, aux termes de la Loi du 27 avril 1838, doit être représentée, envers l'Administration, par un fondé de pouvoir et un directeur des travaux. Les organes de l'Association houillère en sont convenus dans leurs écrits et ils ont ajouté : « Le gouvernement, rempli d'une sollicitude constante pour l'industrie, a toujours repoussé les demandes qui lui ont été faites pour considérer comme une seule concession, plusieurs concessions réunies dans une seule main. La Compagnie des Mines de Blanzy, propriétaire de plusieurs concessions limitrophes, a vainement réclamé cette faveur; elle lui a été constamment refusée, et c'était justice; car si la Loi permet la réunion de plusieurs mines, elle ne veut pas que cette réunion brise les engagements pris par chaque mine en particulier.

Le refus d'autoriser la réunion ou confusion des mines de Blanzy, que l'Association des Mines de la Loire trouve juste, est sa propre condamnation. Puisque, de son aveu, le gouvernement, dans sa sollicitude pour l'industrie, a agi prudemment et dans l'esprit de la Loi, en refusant d'autoriser la réunion des cinq concessions de Blanzy, quoique ces concessions soient peu riches, il doit, à plus forte raison, refuser son autorisation à la concentration de 32 concessions, les plus riches et les plus productives du bassin de la Loire.

Dira-t-elle qu'il y a une différence entre la réunion de plusieurs concessions dans les mêmes mains, et la conversion de ces concessions en une seule? ce serait un pur jeu de mots; car le résultat est le même. Les concessions réunies, ou converties en une seule, n'en seraient pas moins un moyen facile de faire la loi aux consommateurs: la réunion ou la conversion ne serait pas moins destructive de la concurrence. La loi a sagement prescrit l'individualité et la pluralité des concessions pour procurer les minéraux, richesse publique, à des prix modérés, à tous les consommateurs, et empêcher le monopole que se permettent des concessionnaires réunis en société ou autrement.

Chose étrange et contradictoire! Les coalisés du bassin de la Loire, qui se plaignent de l'exiguïté des concessions, telles qu'elles sont limitées par les actes d'institution, ont acquis ou admis dans leur sein des fractions de concessions, quoique l'Art. 7 de la Loi en interdise la vente partielle, ou le partage. Nous voyons dans les documents recueillis et publiés par la sous-commission ministérielle, que l'Association des Houillères ne possède qu'une fraction des concessions de *Crozagaque*, de *Gravenand*, de *Terrenoire*, de *Berard*, de *Beaubrun*, de la *Beraudière*. Elle fait exploiter la plupart de ces fractions de concessions, sans concert avec les autres exploitations du périmètre, en contravention à l'Art. 7 de la Loi du 27 avril 1838. Et c'est lorsqu'elle est elle-même convaincue de morcellement, qu'elle demande, non l'unité et l'indivisibilité de la concession, ce qui est le vœu de la Loi, mais l'agglomération d'un grand nombre de mines séparément concédées, qui y est contraire. Ainsi, elle veut opérer ce que la Loi défend et ne fait rien pour exécuter ce qu'elle ordonne. Qu'elle se borne à faire cesser le morcellement des concessions, le vœu du législateur sera rempli et tout le monde y applaudira.

L'agglomération des mines dans les mains de grandes compagnies était, sous l'ancien régime, l'un des grands abus que l'Assemblée constituante voulut réformer par la loi du 28 juillet 1791. La loi du 21 avril 1810 fut conçue dans le même esprit. L'exposé des motifs du projet de loi et le rapport du Tribunal ne laissent aucun doute à ce sujet.

En conformité de l'esprit général de ces lois, les grands pouvoirs de l'État ont résolu deux fois la question, sous le rapport économique, la première en 1807, à l'égard des mines du département de Jemmapes, la seconde en 1838, à l'égard des mines du bassin de la Loire. *Antécédents.*

L'exploitation des mines de houille situées dans le département de Jemmapes était divisée en quinze compagnies charbonnières. Quelques exploitants pensèrent, comme ceux de la Loire, en 1844, qu'il serait plus avantageux de faire cesser la concurrence ; ils demandèrent la réunion des quinze compagnies en une seule.

Le Conseil général du département, consulté sur cette demande, exprima un avis contraire, dans sa séance du 22 octobre 1807.

« Que l'on supprime, disait-il, les quinze sociétés actuelles pour les fondre en une seule, quel sera le premier effet ? Cette société unique, empressée de jouir promptement, exploitera le corps des veines riches, et négligera ceux qui ne donnent que peu de bénéfices. De là, une diminution nécessaire dans le nombre des ouvriers ; de là, une diminution considérable du charbon de terre en circulation ; et quand ?... La réunion de ces diverses sociétés en une seule ruinerait entièrement plus de deux mille familles ; elle donnerait une facilité bien attrayante réunie *à la possibilité très-dangereuse du monopole de la vente, comme dans l'extraction* de cette denrée de première nécessité. »

Le gouvernement impérial refusa d'autoriser la réunion des compagnies houillères, et le Corps législatif approuvait cette solution, par l'organe de M. de Girardin.

Une décision semblable est intervenue à l'égard des mines du bassin de la Loire. On se rappelle qu'en 1833, plusieurs mines du territoire de Rive-de-Gier furent inondées. Les exploitants ne parvenaient pas à s'entendre sur les moyens d'en opérer le desséchement. L'Administration, après avoir fait reconnaître que les travaux souterrains étaient en communication, et que le desséchement devait être simultané, présenta un projet de loi pour le rendre obligatoire à toutes les exploitations inondées, ou menacées d'inondation. Quelques-uns des concessionnaires, MM. *Rónat*, *Donzel*, *Roux*, *Aroud* et *Laurent* proposèrent, dans un Mémoire imprimé, comme moyen de faire cesser les difficultés, de *réunir toutes les compagnies en une seule*, ou au moins *par groupes, composées de concessions placées autour d'un centre d'épuisement.*

Cette proposition, adressée au Ministre, fut soumise à la Commission de la Chambre des Députés ; mais ni la Commission, ni le Gouvernement ne crurent devoir l'accueillir.

« Quelques-uns des réclamants, disait M. Sauzet, rapporteur, ont proposé pour remède, non seulement d'anéantir la division des exploitations dans le sein de chaque concession, mais d'anéantir les concessions elles-mêmes pour en former de plus étendues. *Ce remède ne peut se concilier, ni avec la concurrence de l'industrie, ni avec l'inviolabilité de la propriété.* » Ailleurs, il ajoutait : « *La concentration excessive des concessions peut conduire à l'appauvrissement des marchés et au monopole, dont les dangers sont incalculables pour notre industrie.* »

Ainsi, la question a été examinée en 1838, et elle a reçu la même solution qu'en 1807.

Quelques années sont à peine écoulées, que la cupidité renouvelle une question si formellement tranchée. Y a-t-il, du moins, quelque motif plausible pour revenir sur une appréciation adoptée par tous les législateurs et économistes, depuis soixante ans ? L'agglomération des mines, qui a été souvent jugée dangereuse et nuisible à l'intérêt général, a-t-elle cessé de l'être, parce que des spéculateurs ont cru y trouver un moyen de fortune ? Les motifs qui l'ont fait rejeter ou interdire, à d'autres époques, ne subsistent-ils pas aujourd'hui comme alors ?

Permettre à une compagnie financière de concentrer une industrie quelconque, au point d'écarter toute concurrence sérieuse, c'est livrer les acheteurs aux exactions de la cupidité. Les départements de l'Est subirent pendant assez longtemps, par rapport au sel gemme, la dure loi des compagnies puissantes qui en avaient monopolisé l'exploitation, soit avant, soit après la loi du 6 juin 1825, qui fit concession à l'État des mines de sel.

M. Roy, ancien Ministre des Finances, signalait la conduite de l'ancienne compagnie de Dieuze. Maîtresse de toutes les sources salées de l'Est, elle élevait ou abaissait le prix du sel, dans ces départements, jusqu'au taux auquel les frais de transport élevaient ou abaissaient le sel marin, de telle sorte que, contre la nature des choses, le prix du sel de Dieuze augmentait, à mesure que l'on s'approchait du lieu de production. Ainsi, à Graix, la compagnie privilégiée vendait les 100 kilogr. 8 et 9 francs, déduction faite de l'impôt, et, à Dieuze, au lieu même de la plus riche exploitation, où les frais de transport étaient nuls, elle le vendait 17 et 18 francs. Les proportions changèrent, sous la nouvelle compagnie, mais la même anomalie continua. La loi de 1825 avait fixé un maximum de 15 francs par quintal; mais les grandes compagnies respectent-elles les limites de prix? Celle des mines de l'Est élevait les prix au taux qu'il lui plaisait, dans les lieux où, n'ayant pas de concurrence, elle dominait complètement le marché, sans se faire aucun scrupule de dépasser le maximum fixé par la loi. Le quintal de sel qui, en 1791, valait 6 francs pris à l'entrepôt, se vendait jusqu'à 16, 18 et même 22 francs.

La hausse et l'inégalité des prix excitèrent les réclamations générales des départements de l'Est; le gouvernement en reconnut la justice, et, après s'être entendu avec la compagnie adjudicataire, il présenta un projet qui, modifié et amendé par les Chambres, est devenu la loi du 17 juin 1840. En appliquant aux mines de sel et de sources d'eaux salées le système des concessions d'une médiocre étendue, la loi a fait naître une utile concurrence, et procuré le sel, à bon marché, aux populations qui sont à la proximité des exploitations.

Les motifs qui ont fait supprimer la concentration des mines de sel dans les mains d'une compagnie unique, quoique autorisée par une loi, s'opposent également à la concentration des mines de houille, concentration qui a amené le monopole, la hausse, l'inégalité des prix, et tous les abus à la suite. Il y a justice et sagesse de maintenir le combustible minéral, devenu objet de première nécessité, à un prix modéré et égal pour tous les consommateurs. C'est le vœu de la loi, et c'est sans doute l'intention du gouvernement.

Il n'y a qu'un moyen de rétablir la modération et l'égalité des prix, c'est la suppression du monopole et le maintien de la libre concurrence. Les considérations d'intérêt public, de bon aménagement des mines, d'économie, ne sont que des prétextes sur lesquels la coalition s'est appuyée pour se faire excuser. Ses exploitations ne sont ni régulières, ni économiques. Loin de tendre à l'épuisement des couches, elle n'exploite, de son aveu, que celles qui lui donnent des bénéfices. Elle a prétendu, dans le compte-rendu des opérations de 1849, avoir fait des économies importantes, et, au lieu d'en faire profiter les consommateurs, comme elle s'y était engagée, c'est une hausse qu'elle leur a imposée.

Avis
des
corps délibérants.

Les autorités publiques ont-elles reconnu qu'il y eût lieu de changer la législation ou d'adopter une jurisprudence différente ? C'est l'opinion contraire qui a prévalu. Les Chambres de commerce, les Conseils généraux de la Loire et du Rhône, le Conseil général des manufactures, les trois Commissions législatives qui se sont occupés de la question, ont vu un extrême danger et la source des plus graves abus dans l'agglomération des concessions, comme dans les concessions trop vastes.

La Compagnie des Mines invoque l'avis de la Commission ministérielle de 1847 ; mais, en rappelant les expressions qui lui sont favorables, elle s'est abstenue de mentionner celles qui lui sont contraires; si elle eût tenu à éclairer l'opinion publique, elle eut dû citer les unes et les autres.

La Commission a examiné la difficulté sous deux rapports : sous sous le point de vue légal et sous le rapport économique.

La réunion de plusieurs concessions de mines est-elle permise sans autorisation ? Cette question doit être résolue par l'interprétation des lois du 28 juillet 1791, de l'arrêté du 3 nivôse an VI et de la loi du 21 avril 1810. La Cour de cassation a jugé que l'arrêté du 3 nivôse est encore en vigueur, et, par conséquent, qu'une autorisation est nécessaire pour permettre les mutations de concessions; la même opinion a été adoptée par les Commissions législatives. La Commission ministérielle, au contraire, a pensé que la *réunion de plusieurs concessions sans autorisation n'est pas un fait illégal, au point de vue de la législation des mines.* Au milieu de cette diversité de décisions et d'avis à qui appartient-il de déterminer le véritable esprit de la législation , si ce n'est à l'autorité judiciaire, ou au corps législatif.

Du reste, la Commission n'a donné son avis qu'au point de vue de la législation des mines : elle n'a examiné la question que sous le rapport du droit qu'ont les citoyens de s'associer. Si elle l'eût examiné sous le rapport de l'art. 419 du Code pénal qui punit les coalitions illicites, elle aurait sans doute émis un avis différent.

Sous le rapport économique, elle a été plus explicite : elle a déclaré formellement « que les garanties proposées dans les statuts soumis au Gouvernement ne sont pas de nature à autoriser la transformation de la Compagnie ; et, *de plus, que l'agglomération dans les mains d'une seule Société des concessions que la Compagnie de la Loire a réunies, présente des inconvénients et des dangers qui doivent engager le Gouvernement à refuser à une Société, la sanction qui résulterait d'une autorisation de se constituer en Société anonyme.* »

Telle est, en définitive, l'unique question soumise au Gouvernement. L'agglomération, dans les mains d'une seule Compagnie, des cinq sixièmes des houillères du plus riche bassin de France, est-elle avantageuse ou nuisible au public ? Doit-on autoriser la Société anonyme qui a conçu et opéré cette énorme concentration ? Voilà le point de la difficulté, sous le rapport de l'autorité administrative.

Or, qui soutient l'utilité de la concentration ? la Compagnie intéressée seule.

Qui en a signalé et démontré les dangers et les effets désastreux ? tous les législateurs ; ceux de 1791, comme ceux de 1810 et de 1838, les hommes d'état de ces trois époques, les économistes de tous les temps, la Commission même dont la Compagnie invoque l'avis. Il n'y a pas d'équivoque dans cet avis : l'Association des houillères de la Loire présente des *inconvénients et des dangers* qui n'en permettent pas l'autorisation. Combien cette partie de son avis n'acquiert-elle pas de force, lorsqu'on le rapproche de celui de la sous-commission qui déclare n'*avoir pas vu, sans appréhension, se réunir dans une seule main 32 concession sur 60 que renferme le bassin de la Loire,* et qui pense que *la prospérité de plusieurs industries importantes serait sérieusement compromise, si des mesures énergiques n'étaient pas bientôt prises.* »

5

Après toutes les déclarations des législateurs, sur le véritable esprit de la loi, après les antécédents qui ont repoussé les demandes en réunion de concessions, après les avis qui en signalent les inconvénients, après les faits notoires de mauvaise exploitation reprochés à la Compagnie, elle a l'intrépidité de soutenir que l'agglomération des mines est utile à l'intérêt public! que répondre à ceux qui nient la clarté du jour, si ce n'est qu'il n'y a pas d'aveugles plus incurables que ceux qui ne veulent pas voir?

EXPLOITATION INCOMPLÈTE.

II. L'un des abus auxquels les législateurs de 1791 et de 1810 ont voulu remédier, c'est celui des vastes concessions où les concessionnaires ayant un champ immense d'exploitation, délaissent les couches de minerai peu productives, au risque de les perdre par suite d'incendie ou autres accidents, pour s'attacher aux couches riches et abondantes.

L'Association des houillères de la Loire s'est permis ce que l'on reprochait aux anciens concessionnaires. Au lieu de continuer jusqu'à épuisement, comme l'y oblige le cahier des charges, l'extraction des couches entamées, elle ne se fait aucun scrupule de les délaisser, lorsqu'elles ne présentent pas un bénéfice suffisant.

Le fait de l'abandon ne saurait être révoqué en doute : Les exploitations de la coalition ont été réduites de trois huitièmes. En 1846, elles avaient produit 12,604,000 quint. métr. En 1849, elles n'ont produit que 7,637,096,

Aveu de la Compagnie.

Dans le compte-rendu, le 31 mars 1849, des opérations de l'année précédente, l'Administration de la Compagnie disait :

« Les Associations auxquelles nous avons succédé en les groupant, avaient, à l'envi les unes des autres, ouvert une multitude de puits ; ces puits ont été, pour la plupart, établis dans de bonnes conditions, mais, avec le temps, ces conditions se sont modifiées : telle couche de charbon qui donnait du bénéfice s'est épuisée ; d'autres couches sont devenues, ou *coûteuses à extraire*, ou d'une qualité délaissée pour le moment par le commerce ; tel qui donnait une forte proportion de gros charbon ne donne plus que du menu ; en un mot, tel champ d'exploitation qui était fructueux autrefois est devenu *improductif et souvent onéreux* ; d'autres puits ouverts dans de mauvaises conditions n'ont jamais donné que *de la perte*. Nous n'avions pas besoin de vous signaler les tristes conséquences de cet état de choses pour faire comprendre tout l'intérêt qu'il y a *à modifier le nombre des puits en extraction.* »

Ainsi, il est certain que la coalition a apporté des changements importants à ses exploitations, qu'elle a délaissé les couches *coûteuses à extraire, improductives* de bénéfice, ou *onéreuses.*

Pouvait-elle procéder ainsi sans autorisation ? la Compagnie a, sur ce point, soutenu le pour et le contre.

Dans un Mémoire intitulé *Note,* 1846, pag. 21, elle disait :

« Le Gouvernement peut obliger la Compagnie à *tenir constamment ses extractions au niveau* et *même au-dessus de la consommation.* Par-là, il la condamne à vendre, sous peine de voir dépérir ses produits. Or, être obligé de vendre en tout temps n'est-ce pas être mis dans l'impossibilité de faire la loi au consommateur ? »

Cette conséquence n'est pas exacte ; car si une Compagnie est maîtresse des prix et assez puissante pour n'être pas forcée de vendre, le consommateur est bien forcé de subir sa loi.

Ce que nous voulons retenir de son langage, c'est l'obligation par elle avouée de *tenir constamment ses extractions au niveau et même au-dessus des besoins,* sans vérifier si ces extractions sont improductives ou lucratives.

Dans un second Mémoire publié l'année suivante, *notes et considérations,* p. 17, on lit :

« On ne s'est peut-être pas assez rendu compte de cette vérité, que pour qu'une mine soit bien exploitée, *il faut nécessairement qu'elle donne des bénéfices.* »

Ce que les organes de la coalition présentent comme une vérité, est en opposition avec les obligations imposées aux concessionnaires. Le Cahier des charges de leurs concessions permet-il, si une mine ne donne pas de bénéfices, de la mal exploiter, ou de ne pas l'exploiter du tout. Il porte, au contraire, art. 14, que le concessionnaire *maintiendra jusqu'à leur entier épuisement, l'activité des exploitations existantes* dans l'étendue de sa concession. Comme on le voit, il n'y a point de distinction à faire entre les exploitations qui sont productives et celles qui ne le sont pas. A côté des avantages se trouvent les charges. Le concessionnaire ne peut recueillir les uns et s'affranchir des autres ; c'est à lui à les diminuer par son intelligence, l'économie des travaux, etc.

Ce qui est évident, c'est que la Compagnie qui confessait, en 1846, qu'on pouvait l'obliger à maintenir ses exploitations, même au-dessus des besoins, n'a pu les restreindre, en 1849, de trois huitièmes, sans y être autorisée.

Cette autorisation devait-elle leur être refusée ? Sans aucun doute, puisque c'était le seul moyen de porter la Compagnie à modérer ses prix. Telle était la pensée de M. Migueron, lorsqu'il disait, pag. 73 de son Rapport :

« Il ne suffit pas que le consommateur ait de la houille en quantité suffisante, à sa disposition, il faut encore qu'il ne la paie pas trop cher ; je n'oublie pas ce que je cherche ici, c'est le moyen de la tenir à bas prix. Si le prix augmente d'une manière sensible, la vente diminuera nécessairement et la houille s'accumulera dans les magasins : l'accumulation n'en pouvant pas être indéfinie, la Compagnie ne manquera pas de demander l'autorisation de diminuer son extraction quotidienne. Il faut que, dans ce cas, l'autorisation lui soit refusée. »

« La Compagnie doit être tenue, disait-il, pag. 77, de dépouiller complètement tout gîte, ou toute portion de gîte déclarée exploitable par le Préfet. « Combien la Compagnie s'est-elle écartée de cette obligation, puisque, suivant son intérêt ou son caprice, elle se dispense d'exploiter les couches qui sont peu productives. L'abus est porté au point que, dans le bassin de Saint-Etienne, qui comprend celui de la Ricamarie, sur 122 puits d'extraction, il y en a 98 dont les travaux sont suspendus et 24 seulement en activité. Plusieurs communes ont réclamé contre la cessation d'exploitation, par les puits ouverts dans leur voisinage ; la Compagnie n'y a eu aucun égard et l'autorité n'a pas statué. Il y a des concessions, entre autres, celle du Martouret, et celle de la Chana, où la Compagnie n'emploie que deux ouvriers. N'est-ce pas éluder l'obligation d'exploiter imposée par la loi ? »

Ici se vérifie ce qu'on a dit, dans tous les temps, des grandes Compagnies, qu'elles savent s'affranchir des obligations les plus formelles, des prescriptions les plus utiles dans l'intérêt public, lorsque leur intérêt y est contraire. Les couches de houille que la Compagnie a cessé d'exploiter, atteintes par le feu, par l'eau ou les éboulements seront peut-être perdues pour la société entière, et si jamais on en reprend l'extraction, les dangers d'accident seront bien plus à craindre. La Compagnie présentera-t-elle cet abandon comme une preuve de bon aménagement des mines ?

VICES D'EXPLOITATION.

III. Les exploitations de la Compagnie sont moins régulières que les exploitations libres.

Pour exploiter régulièrement, le concessionnaire d'une mine doit en exploiter les diverses couches jusqu'à épuisement, ce que nous venons de démontrer; il doit aussi substituer les remblais au boisage; les longs massifs aux piliers qui s'écrasent, donner aux galeries une largeur médiocre et extraire les matières sulfureuses qui occasionnent les incendies.

La Compagnie néglige de se conformer à ces différentes prescriptions de l'art.

1ᵉ Elle a substitué, dans quelques-unes de ses exploitations, le remblai au boisage, mais le remblai n'est ni complet, ni exécuté avec des matériaux convenables. Aux termes de l'art. 5 des charges générales des concessions, le remblai doit occuper *la huitième partie au moins des excavations opérées : il s'entend des matières transportées et disposées de manière à soutenir le toit des excavations, et non des débris détachés du toit de la couche, soit par éboulement naturel, soit artificiellement.*

C'est néanmoins avec ces débris mélangés de pyrites ou sulfurés que les agents de la Compagnie font pratiquer les remblais; ils font précisément cequi est interdit. Quelle en est la conséquence? les matières irrégulièrement entassées ne soutiennent pas le toit de la mine, et l'effervescence de ces matières occasionne tôt ou tard des embrasements qui détruisent les couches de houille dont l'exploitation a été différée. C'est ce qui déjà est arrivé plusieurs fois, notamment dans les exploitations de Mont-Rambert et de Montsalson.

2° Le règlement du 14 janvier 1744, portait que les galeries d'exploitation n'auraient pas plus de huit pieds de largeur, et que les massifs de houille, laissés pour piliers auraient la même largeur et plus, *si le peu de solidité de la houille le demande.* Cette disposition propre à garantir la vie des ouvriers est inexécutée. Au lieu de trois mètres, les galeries ont souvent dix ou douze mètres. Les piliers sont réduits à une faible épaisseur; il s'en suit qu'ils s'écrasent sous le poids des terrains supérieurs ; que des éboulements immenses dont, par le passé, on n'avait eu aucun exemple, forment un cahos dont les ouvriers ne peuvent s'approcher qu'avec grand péril, pour enlever les parties de houille détachée. La Compagnie qui laisse opérer ces éboulements dangereux y trouve une petite économie d'extraction ; mais qu'est-ce qu'une économie de quelques centimes, au prix des inconvénients graves qui en résultent, puisqu'ils compromettent la sureté des mineurs et la solidité des bâtiments d'habitation à la surface ?

3° Au lieu d'exploiter les couches les plus profondes qui produiraient un moindre bénéfice, elle se borne, dans certaines concessions, à l'extraction des mines supérieures qui entraînent moins de frais. Agir ainsi, c'est violer les règles de l'art et compromettre la conservation des couches délaissées. Dans le groupe de Rive-de-Gier, se trouvent deux des concessions réunies par la Compagnie, celles du Martouret et du Sardon. La première n'est point exploitée, parce que les couches y sont à une grande profondeur. Dans la seconde, dix puits y sont en exploitation, parce qu'elle tire un plus grand profit de la houille qui en provient. Le motif d'économie ou l'ardeur du lucre ne peuvent nullement justifier la marche irrégulière des travaux, qui ajourne, à une époque indéterminée, les extractions qui devraient avoir lieu dès-à présent.

Dans le groupe de Saint-Etienne, la concession de Dourdel et Montsalson est citée comme l'une des plus mal exploitées, où se manifestent fréquemment des incendies attribués à la défectuosité des remblais.

Après les vices d'exploitation reprochés à la coalition houillère, comment ses organes osent-ils accuser les autres exploitants de gaspiller les mines ? Les imprudents ! ils appellent l'attention publique sur leurs abus et leurs contraventions. Avant d'accuser de *gaspillage* les exploitants qui n'ont pas voulu se réunir à eux, il faudrait être exempts du reproche qu'ils leur adressent.

On gaspille les mines, lorsque l'on abandonne, comme le fait la Compagnie, les couches peu productives, au risque de les perdre par incendie, inondation ou éboulement.

On gaspille les mines, lorsque l'on n'extrait pas les couches de houille aux quatre cinquièmes de leur masse.

On gaspille les mines, lorsqu'on compose des remblais avec des matières sulfureuses interdites, et qu'on les expose aux embrasements spontanés.

On gaspille les mines, lorsque, sans nécessité, l'on exploite les couches supérieures avant les couches inférieures.

Quelle différence entre les exploitations coalisées et les exploitations libres! Celles-ci sont dirigées par les propriétaires eux-mêmes, qui les surveillent sans cesse. Ils s'en occupent le jour; ils y rêvent la nuit. Ils se concertent continuellement avec leurs chefs-ouvriers, qui connaissent, mieux que tout autre, les allures des couches, et évitent, par leur expérience, les accidents si fréquents dans les travaux souterrains.

Les employés de la Compagnie sont loin d'apporter la même vigilance. Visitant rarement les travaux, ils laissent introduire des abus ou des négligences qui entraînent souvent la perte d'une partie plus ou moins considérable du gîte minéral (1).

Qu'elle cesse donc de vanter une concentration qui devait assurer la conservation des richesses minérales et qui la compromet, la perfection de leurs travaux qui n'ont rien amélioré, les avantages d'une exploitation *unitaire* qui n'existe pas et ne pouvait exister, leurs sympathies pour les ouvriers dont ils ont augmenté le travail, sans accroître le salaire!

La Compagnie parle de méthodes d'exploitation perfectionnées : jusqu'à présent, elle n'a employé que les méthodes et les moteurs connus; elle n'a fait aucun progrès dans l'art d'exploiter. Tous les concessionnaires, sans exception, sont assujétis à présenter les plans des travaux projetés. L'Autorité administrative peut y faire les changements et les modifications proposés par les ingénieurs; elle prescrit l'emploi des procédés qui sont reconnus utiles ou plus sûrs, comme les lampes de sûreté, les épinglettes en laiton, etc. Ainsi que l'a fait observer M. Migneron, dans son Rapport, p. 60, rien ne

(1) On cite, comme exemple du défaut de surveillance, l'incendie d'un puits d'exploitation dépendant de la concession de Méons, lequel a occasionné la mort de plusieurs ouvriers.

signale la supériorité des exploitations réunies sur les exploitations isolées, *la faiblesse relative d'une concession, quant à l'étendue et à la richesse houillère, n'est pas un obstacle à l'exploitation et à la prospérité de la petite concession.*

Cette réflexion est la réfutation de tout ce qu'on a dit sur les avantages attribués sans fondement aux grandes compagnies qui disposent de grands capitaux, opèrent avec moins d'économie, et abusent de leur situation.

Toute entreprise industrielle se propose de réaliser des bénéfices. Ses opérations sont toutes dirigées, non dans l'intérêt public, mais dans son propre intérêt. Plus elle est montée sur une grande échelle, plus sa domination est redoutable. Elle agira peut-être avec plus de ménagement, dans les formes, mais, au fond, avec plus d'obstination qu'un exploitant isolé. Pour réaliser de grands bénéfices, on ne se fait aucun scrupule d'enfreindre les lois, d'éluder ses obligations, de se livrer aux modes les plus vicieux d'exploitation, comme la Compagnie houillère en fournit l'exemple.

Il faut donc le reconnaître, les grandes compagnies n'offrent aucune garantie d'une meilleure exploitation des richesses minérales.

ABUS DANS LES VENTES, LIVRAISONS ET PRIX (1).

IV. L'obligation imposée à tout concessionnaire de satisfaire aux besoins des consommateurs, s'applique soit aux quantités et qualités de houille demandées, soit à l'exigence de prix modérés et uniformes. La Compagnie y contrevient sous plusieurs rapports.

1. Elle refuse, sur le carreau d'un grand nombre de puits d'extraction, de livrer la houille amoncelée qui en provient, soit sous prétexte qu'elle est destinée à l'exportation, soit parce que c'est ainsi réglé par l'Administration. Ce refus a été constaté par des procès-verbaux, et attesté par la Chambre de Commerce de Saint-Etienne (délibération du 5 janvier 1846), par les Conseils municipaux de Saint-Etienne, Montaud, Beaubrun, Valbenoîte, etc. L'un des organes

_____

(1) Si nous entrons dans quelques détails de faits, c'est pour répondre au reproche que les plaintes du pays étaient vagues et indéterminées. Une enquête en apprendra beaucoup plus.

de la Compagnie, pour excuser, en novembre 1847, la cessation de la vente au comptant sur les puits de *Mont-Rambert*, des *Littes* et du *Brûlé*, disait qu'elle *n'avait d'autre but et d'autre résultat qu'une sage économie dans l'administration des Mines*.

Le prétexte d'économie ne peut justifier la mesure prise par la Compagnie de ne vendre au comptant, aux consommateurs qui se présentent avec leurs voitures, que dans un petit nombre d'exploitations.

D'après la loi, l'obligation de livrer aux consommateurs la houille dont ils ont besoin pèse sur chaque concessionnaire en particulier, sans qu'il puisse les renvoyer à s'approvisionner dans une autre concession, ainsi que le Ministre l'a très-bien démontré. Dès l'instant qu'il y a du charbon amoncelé sur le carreau d'un puits, la Compagnie ne peut, sous aucun prétexte, en refuser livraison à ceux qui la demandent.

Tel était l'usage immémorial observé avant la coalition, usage qui tient lieu de loi, puisque l'article 55 de la loi du 21 avril 1810 renvoie, en cas de difficultés, *aux usages établis*. Les fabricants et artisans de Saint-Etienne et de sa banlieue avaient la faculté d'être approvisionnés avant tout autre. Pour protéger leurs industries et maintenir la houille à bon marché, les arrêts du Conseil de 1724, 1739 et 1768 avaient interdit l'exportation de la houille qui s'extrairait dans un rayon de 2,000 toises. Quelle différence entre la protection accordée aux industries du pays, sous un gouvernement monarchique, et l'oppression que fait peser sur elle, une féodalité financière !

M. Migneron était bien convaincu que la Compagnie contrevenait à ses obligations, lorsqu'il disait (p. 74 de son Rapport) :

« Le consommateur local ne fait pas de grands approvisionnements ; il faut, quand il se présente, qu'il soit servi, et *qu'on ne le renvoie pas, comme à présent cela se fait dans beaucoup de mines*, sous le prétexte que la houille amoncelée doit être absorbée par une grande livraison faite au dehors. »

Aussi, la Chambre de Commerce demanda-t-elle « *que, par tel moyen réglementaire qui serait jugé convenable, il fût pourvu à ce que la vente au comptant sur le carreau de la mine ne pût pas être refusée.* » Cette demande, formulée depuis cinq ans, est demeurée

6

sans réponse, et les consommateurs sont balottés et renvoyés d'un puits à un autre, souvent à de grandes distances, perdant des journées entières pour obtenir la livraison d'un char de charbon, payé d'ailleurs à des prix excessifs. Il semble même que les réclamations contre cette conduite despotique aient excité les agents à plus d'arbitraire et de vexations. La commune de Valbenoîte, limitrophe de Saint-Étienne, compte plus de soixante usines naguères approvisionnées par les exploitations de la concession de la Béraudière. La Compagnie les ayant suspendues en grande partie et refusé de vendre au comptant dans plusieurs autres, les usiniers sont obligés d'aller s'approvisionner à six kilomètres de leurs établissements. Grâce à l'encombrement des voitures et à la longueur du trajet, les voituriers qui pouvaient précédemment effectuer trois transports par jour, ne peuvent en faire qu'un seul ; ce qui constitue une perte de temps et de force, et par suite un accroissement de frais pour les consommateurs.

2. Les charbons, avant le monopole, étaient soumis à un triage, pour en séparer les schistes et autres matières incombustibles. La Compagnie, sachant qu'on sera forcé d'accepter ses charbons, tels qu'ils sortent de la mine, ne se met nullement en peine de les faire trier. Cette négligence a donné souvent lieu à des réclamations que les agents de la Compagnie n'écoutent pas, sans doute d'après les ordres qu'ils ont reçus. D'autres fois, les charbons propres à la forge qui devraient être livrés purs, sont mélangés avec d'autres de qualités inférieures. Ce mélange est très-nuisible à la confection de certains ouvrages, tels que la fabrication des canons damassés pour fusils de chasse, les ouvrages de serrurerie, les limes, les outils, etc. Ne pas livrer pures les qualités de charbon qu'on lui demande, c'est vérifier le reproche adressé à tous les monopoles : *Prix excessifs, services négligés.*

3. Lorsqu'un marchand de charbon se présente pour avoir livraison de charbons propres à la forge ou au gaz d'éclairage, on l'oblige de prendre en même temps, aux prix surhaussés, des charbons de qualités inférieures, pour enlever aux exploitations dissidentes le débit de ces qualités de charbon qu'elles cèdent à meilleur prix ; cette condition imposée au commerce d'accepter des charbons qu'il ne demande pas, est une violence immorale, un moyen frauduleux d'écar-

ter la concurrence. Avant le monopole, certaines industries, telles que
les tuileries, fours à chaux, etc., se contentaient des qualités inférieures de charbon, qu'elles obtenaient à bas prix. La Compagnie a
cessé l'exploitation des couches qui les produisaient, sous le prétexte
qu'elle ne donnait pas de bénéfice.

4. Contrairement à l'usage antérieur, la Compagnie, dans les
ventes, a substitué le poids (100 kil.) à la mesure d'extraction, qui
pesait de 120 à 150 kil.; mais cet usage n'est pas général. A Lyon,
on vend la houille menue à l'hectolitre, pesant 80 kil. La houille
étant exposée à l'air, souvent imprégnée d'humidité, mélangée de
schistes ou autres matières non combustibles, la vente au poids est
sujette à beaucoup de mécomptes ou d'erreurs. La vente à la mesure
offrait plus de garantie.

5. Les fondateurs de la Compagnie avaient promis qu'ils feraient profiter le public de l'économie qu'ils pouvaient réaliser dans les frais d'extraction. Dans le rapport du Conseil d'Administration à l'assemblée
du 30 mars 1850, il est dit que l'augmentation du produit obtenu en
1849 *provient presque exclusivement des économies apportées dans
l'extraction.* S'ils avaient rempli leurs promesses, ils auraient dû
abaisser les prix de la houille : mais les administrateurs actuels ne
se croient pas obligés de tenir les engagements de leurs prédécesseurs.

Les compagnies, encore plus que les particuliers, sont livrées à
l'instinct de leur intérêt, et cet instinct est indomptable. Réaliser
des bénéfices par quels moyens que ce soit, c'est leur unique but.
Personne n'assume sur sa tête la responsabilité des opérations et des
engagements.

Au lieu de la modération promise, la Compagnie a constamment
rehaussé les prix. Les fabriques et usines qui ont à lutter contre la
concurrence ne peuvent, comme la coalition, augmenter les prix de
leurs produits; plusieurs ont cessé leurs travaux; d'autres travaillent
sans bénéfice; mais cette situation ne peut se prolonger longtemps;
elle doit amener la ruine des principales industries de la contrée.

M. Migneron l'avait prévu.

« Si la Compagnie, dans chacune de ses mines, dit-il (p. 69), ne voit qu'un
moyen de gagner en peu de temps beaucoup d'argent, à elle seule elle *dilapidera*

la richesse houillère, beaucoup plus que ses devanciers ne l'ont dilapidée. La raison en est que ses opérations ont quelque chose de *gigantesque*, qu'elles portent précisément sur les gites les plus beaux, les plus puissants, les plus précieux, par les qualités de la houille qu'ils recèlent ; qu'elle dispose de moyens immenses d'exploitation, et que, si elle commet des fautes, ces fautes-là ne peuvent pas manquer d'avoir de graves résultats. Si, pour accroître ses bénéfices, elle augmente démesurément le prix de la houille, *elle ruinera les principales industries du département de la Loire* ; car, il en est quelques-unes, l'industrie *verrière* et l'industrie métallurgique, qui ne peuvent être pratiquées que lorsqu'elles obtiennent la houille à bas prix. »

Ces prévisions se sont en partie vérifiées et ne tarderont pas à se vérifier en entier, si on n'apporte pas un prompt remède à une jouissance arbitraire des mines qui compromet la conservation des couches dont l'exploitation est délaissée, et l'existence des principales industries du pays. Pour peu que cet état de souffrance se prolonge, la coalition règnera sur des ruines.

Un abus ne marche jamais seul. La coalition joint l'inégalité à l'excès des prix ; de son aveu, elle consent *des diminutions à certaines usines et aux consommateurs éloignés*. Quant aux consommateurs de la localité qui ne peuvent lui échapper, elle exige impitoyablement les prix les plus élevés.

Cette inégalité, contraire au vœu de la Loi et aux règles de l'équité, est funeste au plus haut degré ; elle change l'un des principaux éléments des frais de production et jette la perturbation dans les travaux industriels. De deux manufacturiers exerçant la même industrie, celui qui jouit d'une réduction de prix peut réaliser des bénéfices ; celui qui en est privé, penche vers sa ruine. Est-ce là l'impartialité qui doit présider aux ventes de tout concessionnaire et surtout d'une grande Compagnie ? Si l'État faisait, comme en Prusse, exploiter lui-même les mines, il n'aurait pas assurément deux poids, ni deux mesures.

Il faut distinguer les choses et les services concédés par l'État, des services et produits qui s'exécutent sans son intervention. On conçoit que pour ceux-ci, le producteur puisse disposer de sa chose à son gré, *user et abuser*. Mais, à l'égard de ceux-là, le concessionnaire n'a pas le droit d'abuser. L'État a soumis à des tarifs le service des chemins de fer, des ponts, des canaux, de la poste, quelquefois le produit des mines. Ces tarifs doivent être perçus avec impartialité et sans faveur. Une disposition spéciale a été introduite dans les cahiers de charges des chemins de fer du Nord pour étendre à tous les expéditeurs les remises de péage qui seraient consenties à l'un d'eux.

Cette disposition nous paraît être tacitement écrite dans la Loi sur les mines. Elle statue d'abord que les minerais de fer seront livrés au prix d'estimation ; elle oblige les concessionnaires de mines à les exploiter et à satisfaire aux besoins des consommateurs. Serait-ce les satisfaire que d'agir arbitrairement et contre toutes les règles de la morale et de la justice, d'exiger des prix excessifs et inégaux ? Le législateur n'a-t-il pas manifesté l'intention de développer l'exploitation des mines, dans l'intérêt du public et des manufactures ? Cette intention serait éludée, si le public ne jouissait pas de prix modérés et uniformes. Au lieu de fournir à ses besoins, le concessionnaire ferait peser sur le consommateur un joug intolérable et une partialité révoltante.

La Chambre de Commerce de St-Etienne, bien placée pour apprécier les funestes effets d'un abus aussi criant, demanda, par sa délibération du 5 janvier 1846 « que toute exigence de prix exceptionnel et plus élevé pour un acheteur que pour les autres, fût considérée comme refus de vendre et réprimée comme tel. » Cette demande a eu le sort des autres. Après cinq ans écoulés, il n'y a pas encore été fait droit.

La Compagnie la reconnaissait juste, lorsqu'au mois d'octobre 1847 elle consentait à livrer les charbons aux consommateurs de Saint-Etienne, à un prix qui ne dépasserait pas la moyenne de ceux auxquels ils seraient vendus dans les autres départements. Ce consentement, qu'elle présentait comme une garantie de la modération et de l'uniformité des prix, était une pure illusion, puisque les prix n'étant pas limités pour le département du Rhône et les autres, ils ne l'eussent pas été davantage pour celui de la Loire. Et en effet depuis, comme auparavant, les prix ont été haussés sans limite, et de l'aveu de la Compagnie, ils ne sont pas uniformes pour tous les acheteurs.

Que peut on attendre d'une coalition de spéculateurs qui ne s'est organisée que pour réaliser de gros bénéfices ? Les porteurs d'actions y ont compté ; sans considérer que la Compagnie est grevée d'une dette énorme qui s'accroît tous les ans, sans s'arrêter à l'observation des commissions sur l'insuffisance de son fonds de roulement, sans faire attention à l'incertitude de son existence qui peut s'éteindre par une mesure administrative, ou une condamnation judiciaire, ils veulent à tout prix des dividendes. Ainsi, la Compagnie est fatalement condamnée à hausser progressivement les prix du combustible. L'état présent est intolérable, mais l'avenir est encore plus alarmant. Si les coalisés ont pu sous le coup d'une accusation redoutable et d'une dissolution imminente, doubler les prix de la houille et contrevenir aux obligations des concessions, que ne feraient-ils pas si leur association était autorisée ?

ABUS ENVERS LES OUVRIERS.

V. Nous nous abstiendrons de toute parole irritante : nous affaiblirons même les reproches adressés à la Compagnie ; mais, à moins de reconnaître comme vraies ses assertions inexactes ou exagérées, nous sommes obligés d'apprécier sa conduite à l'égard des ouvriers.

Elle a établi des caisses de secours et des hospices pour le traitement des ouvriers blessés. Ces établissements ne sont pas une libéralité ; ils sont l'accomplissement d'un devoir prescrit par le décret du 3 janvier 1813, et par des ordonnances. Dans une note adressée au comité de l'Assemblée législative, la Compagnie a relevé avec emphase, *les œuvres d'humanité et de protection qu'on était en droit d'attendre d'elle.* Il y a beaucoup à rabattre des éloges qu'elle se donne elle-même. La véritable bienfaisance agit avec moins d'ostentation. Les exploitants libres se vantent moins et font davantage. S'ils n'ont pas fondé des hospices, ils font traiter à leurs frais les ouvriers blessés dans les hospices publics ; ils ont la modestie de ne pas publier, par les cent voix de la presse, la distribution de quelques secours. Nous ne voulons pas étendre la discussion sur ce point. Nous nous bornerons à dire aux administrateurs de la Compagnie : Soyez d'abord justes envers les ouvriers ; et puis bienfaisants si vous voulez. Pour être justes, il ne faudrait pas, par des moyens indirects, augmenter le travail sans rémunération. Vous prétendez n'avoir pas diminué les salaires ; oui, en apparence, mais vous les avez réellement diminués, en imposant aux ouvriers une plus grande quantité de travail. Vous exigez des *piqueurs*, dans plusieurs mines, qu'ils placent eux-mêmes les étais dont ils n'étaient pas chargés, ayant votre direction ; des *traîneurs*, qu'ils fassent un plus grand nombre de *parcours*, du fond des galeries au puits ; de *tous*, qu'ils remplissent ou traînent une *benne* (mesure d'extraction), plus grande ; et si la benne n'est pas remplie complétement, ou que dans son ascension, il s'en détache quelques parcelles de houille, vous ne la comptez pas dans le réglement des salaires, quoique vous profitiez de son contenu. A la moindre observation, vous congédiez l'ouvrier qui se l'est permise. L'on a donc été fondé à dire que la coalition oppressive envers les consommateurs, l'était aussi envers les ouvriers mineurs, qui sont réduits à une sorte de servage incompatible avec nos institutions et nos mœurs.

Avant la coalition, l'ouvrier congédié, ou mécontent, avait la ressource de cinquante autres ateliers ; mais, sous sa domination, le caprice ou l'amour-propre blessé d'un employé peut réduire un ouvrier et sa famille à la mendicité ; ce dont on a de nombreux exemples.

L'on trouve l'aveu d'un accroissement de travail dans un document que la Compagnie ne récusera pas ; c'est le rapport de son Conseil d'administration à l'Assemblée du 30 mars 1850.

Il y est dit : « L'augmentation du produit des mines *provient presque exclusivement des économies apportées dans l'extraction*. Ces économies ne proviennent pas d'une diminution de salaires. Pour les réaliser, il nous a suffi de *ramener les ouvriers à l'observance d'un travail régulier*, et l'exploitation aux exigences d'un bon aménagement. Ce retour à une situation normale s'est fait au moyen d'une *série de réformes* qui, pour ne pas provoquer de *résistances aveugles*, ont dû s'opérer progressivement avec une prudente lenteur. »

A travers cette phraséologie, est-il difficile d'apercevoir par quel moyen vous êtes arrivés à une économie des frais d'extraction ? Comment ces frais ont-ils pu être réduits, si ce n'est par l'exigence d'un travail plus pénible ou plus prolongé ? Les prétendues *réformes* que vous avez opérées avec *lenteur et prudence*, pour ne pas éprouver des résistances, ne sont autre chose qu'un surcroît de peine imposé aux travailleurs. Les *économies* que vous avez réalisées, par l'*observance d'un travail régulier*, ont été acquises par les sueurs plus abondantes de vos ouvriers. Vous vous félicitez de ce succès. Les hommes justes et impartiaux y verront l'oubli de la morale et de l'équité.

Vous avez, dites-vous, rendu un grand service aux ouvriers mineurs, en 1848, en continuant à les faire travailler. Ce que vous présentez comme un service, était un devoir rigoureux. La Loi ne vous obligeait-elle pas à maintenir en activité toutes les exploitations existantes ? Ce devoir, vous l'avez rempli très-imparfaitement. D'abord, vous avez réduit les journées de travail à trois ou quatre jours par semaine, tandis que les exploitants non coalisés ont presque tous maintenu le travail pendant la semaine entière. Ayant ensuite réduit, de votre propre autorité, vos extractions de trois huitièmes, vous avez congédié les ouvriers dans la même proportion, et même au-delà, puisque vous exigez plus de travail de ceux que vous conservez.

Vous avez, à ce sujet, reproché à la députation de la Loire qu'elle s'était permis *des insinuations aussi imprudentes que malveillantes*, dans sa note adressée au Président de la République, et vous ajoutez que *vous faites pour vos ouvriers tout ce qu'il est possible de faire*. Vos reproches ne sont pas plus vrais que votre philantropie. S'il y a imprudence, elle est dans la conduite de ceux qui, par leurs exactions et leur despotisme, bouleversent toute une contrée.

Tels sont les fruits amers de la coalition houillère. Elle s'est jouée de ses obligations et a rejeté tout ce qui aurait pu entraver sa domination (1).

(1) Nous sommes du nombre de ceux qui sont persuadés que les réclamations, intéressant de nombreuses populations, ne doivent pas se produire par des démonstrations tumultueuses, comme

L'individualité des concessions si formellement prescrite par les lois ? elle l'a complétement supprimée par son exploitation *unitaire* dont elle se glorifie. — La formation de groupes de concession ? elle n'en a pas voulu, pour rester maîtresse des prix.

La conservation des richesses minérales ? elle avoue qu'elle a suspendu ou *délaissé les couches qui ne lui donnaient pas de bénéfices.*

La régularité de ses exploitations ? il est prouvé qu'elles sont moins régulières et moins bien dirigées que les autres.

L'obligation de satisfaire aux besoins des consommateurs ? elle y est contrevenue quant aux quantités ou qualités de houille et quant aux prix immodérés et divers.

L'activité constamment maintenue des travaux d'extraction, comme moyen d'amener la baisse des prix ? elle l'a réduite, sans autorisation, dans la proportion de trois huitièmes.

Une limite des prix de la houille ? son but eût été manqué.

Le maintien des salaires d'ouvriers ? elle les a indirectement abaissés.

Dans cette lutte qui se prolonge depuis cinq ans entre trente-deux concessionnaires et leurs ayant-droit d'une part, et de l'autre plusieurs millions de consommateurs que l'on trouble dans l'exercice de leurs industries, de quel côté sont la justice et l'intérêt public ? sont-ils du côté des spéculateurs qui ont organisé le monopole, ou de

celles de la ville de Marseille au sujet des mesures sanitaires , mais par la voie régulière des corps délibérants. Nous avons toujours recommandé cette voie, quoique moins prompte à amener une solution. Si, dans la circonstance, l'autorité supérieure a pu considérer, comme l'ouvrage de quelques mécontents, une réclamation qui intéresse plusieurs millions de consommateurs, elle a été induite en erreur. Une réclamation, qui n'aurait été déterminée que par quelques intérêts privés, n'eût pas appelé l'attention de tous les corps constitués, organes des intérêts publics, depuis les conseils municipaux jusqu'aux conseils généraux ; depuis les chambres consultatives et de commerce jusqu'au conseil général des manufactures ; depuis les simples représentants jusqu'aux commissions législatives. Les populations attendent patiemment depuis cinq ans qu'il soit fait droit à leurs plaintes. N'est-il pas à craindre que la patience leur échappe et que l'on voie renouveler les scènes de violence et de destruction qui eurent lieu en 1790 dans quelques exploitations de mines de la banlieue de Saint-Etienne ? Ces craintes , nous ne sommes pas seuls à les concevoir ; elles sont partagées par la Chambre de Commerce qui les a exprimées en ces termes : « La continuation du monopole compromet non seulement la prospérité des grandes industries de la contrée, mais encore l'ordre public et la tranquillité du pays. »

celui des nombreux industriels dont les travaux sont paralysés et la ruine imminente ? Ces graves motifs ont fait maintenir le principe de la libre concurrence, soit par les lois de 1791 et 1810, soit par celle du 17 juin 1840, qui a supprimé le monopole de l'exploitation des mines de sel. « La liberté, disait à la Chambre élective le Rapporteur de la Commission sur cette dernière loi, la liberté peut, seule, *en dépit de tous les sophismes*, garantir au consommateur le meilleur marché possible de la denrée. » Si l'uniformité de la législation est une règle, si les précédents de 1807 et 1838 sont respectables, comment pourrait-on s'en écarter au sujet d'une matière aussi nécessaire que la houille.

§ IV.

MARCHE CROISSANTE DU MONOPOLE.

Il est dans la nature des monopoles d'éprouver des résistances et des contrariétés inattendues. Engagés dans une fausse voie, ils veulent les surmonter *per fas et nefas*. De là des mesures violentes, arbitraires, tyranniques. Mais les monopoleurs les plus habiles ne peuvent tout prévoir. Par une volonté providentielle, leurs manœuvres tournent quelquefois contre eux-mêmes ; l'injustice se fourvoie. « La passsion du lucre, dit M. Migneron, pag. 70, fausse souvent l'esprit de ceux qu'elle possède et les aveugle au point qu'ils s'écartent du but vers lequel ils croient marcher. »

Les instigateurs de la coalition avaient pensé qu'en réunissant sous leur main les plus riches mines du bassin de la Loire, ils seraient maîtres des prix de la houille, et, en effet, ils les ont élevés aussi haut qu'ils ont voulu. Mais, ô déception des entreprises immorales ! le but qu'ils croyaient atteindre allait leur échapper ; l'excès des prix a contribué au développement des exploitations libres qu'ils appellent *dissidentes*, comme si ne pas s'unir à leur domination pouvait être le sujet d'un reproche. Ces exploitations qui n'avaient produit, en 1846, que le sixième de l'extraction totale, sont arrivées à en produire le tiers environ, en 1849. Leurs prix modérés et les facilités de paiement leur ouvraient des débouchés, tandis que la coalition voyait ses charbons s'accumuler sur le carreau des mines, et les laissait dépérir par les intempéries des saisons, ou par l'effervescence des sulfures, plutôt que d'en abaisser les prix.

Si cette situation se fut prolongée, la coalition inclinait à sa chute ; elle pliait sous le poids de ses charges. Menacés dans leur avenir, qu'ont fait les organisateurs du monopole ? Ils ont déclaré une guerre à outrance aux exploitations qui n'ont pas voulu se coaliser. Voici l'une des manœuvres employées pour étouffer le peu de concurrence qui diminuait leurs profits illicites.

Les houilles du bassin de la Loire s'écoulent par trois débouchés principaux ; par le chemin de fer du Clusel et celui de Saint-Etienne à la Loire, par le canal de Givors qui communique au Rhône et de là à la Saône, par le chemin de fer de Mont-Rambert et celui de Saint-Etienne à Lyon, dont la tête, au quartier de Perrache, est entourée d'entrepôts reliés au chemin par des embranchements. Le commerce de charbon, sur le grand marché de Lyon, s'est fait, jusqu'au 1er août 1850, par des marchands possesseurs, à titre de location ou autrement, des entrepôts communiquant aux voies de transport. Leurs approvisionnements provenaient en grande partie des exploitations libres. La coalition est parvenue à s'emparer de cet immense débouché, en exerçant une contrainte morale, pour obliger les marchands de charbon à lui céder leurs approvisionnements et leur commerce et à devenir ses commissionnaires.

Par le traité qui leur a été imposé (1), les marchands s'engagent à opérer désormais les ventes de charbons pour le compte de la Compagnie des mines et en son nom, moyennant diverses remises s'élevant à huit pour cent ; ils sont réunis en Société, sous la direction d'un agent de la Compagnie, et ont dû verser, à titre de garantie, une somme assez considérable. Ils ne vendent que les charbons provenant des mines coalisées ; et si un acheteur veut ne prendre livraison que

(1) Les marchands avaient, dans leurs entrepôts des charbons achetés à des prix très-élevés. La Compagnie les a menacés de réduire notablement les prix, ce qui aurait ruiné la plupart d'entre eux. Ils n'ont consenti à devenir ses *facteurs* que pour éviter une perte imminente.

de certaines qualités supérieures, on les lui refuse, à moins qu'il n'accepte en même temps des charbons de médiocres qualités ; autre moyen de contrainte déloyal pour en ravir le débouché aux exploitations isolées.

Comment les administrateurs de la coalition ont-ils cherché à excuser une manœuvre aussi audacieuse ? Comme tous les monopoles, *par les prétextes de bien public.* Ils annoncèrent publiquement, le 16 juillet, qu'ils voulaient opérer des *économies sur les frais accessoires du commerce de charbon, et dégager la houille de tous les faux frais qui se sont perpétués entre les producteurs et les consommateurs,* de manière que les consommateurs profiteraient d'une diminution de prix.

Rien n'était vrai dans ces assertions. La combinaison imaginée et accomplie par la coalition n'a amené ni économie, ni réduction de prix ; elle a eu pour effet de la substituer aux marchands de charbon ; de faire passer dans ses mains, pour le débouché exclusif de ses produits, tout le commerce libre qui se faisait auparavant des charbons provenant des exploitations non coalisées. Les consommateurs ont-ils été affranchis des faux frais dont la suppression a été le prétexte d'un envahissement coupable ? nullement ; puisque le bénéfice ordinaire des marchands a été remplacé par un équivalent ; le montant des remises allouées sur le produit des ventes.

La Compagnie prétend qu'elle n'a rien fait d'illicite, en se substituant aux anciens marchands de Lyon, pour vendre directement ses produits aux consommateurs. Pour apprécier la moralité d'un fait aussi grave, il suffit de se demander si les principaux marchands de la place de Lyon avaient la faculté de se coaliser, pour faire en commun le commerce exclusif des charbons de la Compagnie. Il est évident que, d'après l'art. 419 du Code pénal, cette coalition eût été illicite et passible de condamnation ; ils auraient été dans le même cas que les fabricants de soude de Marseille et les assureurs de Bordeaux, qui s'étaient réunis pour opérer à un prix surhaussé, et qui furent déclarés coupables de coalition. Eh bien ! ce que les marchands eux-mêmes n'eussent pu faire sans commettre un délit, la Compagnie n'a point été autorisée à l'accomplir ; elle est même plus répréhensible, parce qu'en prenant à sa solde les marchands de char-

bon ; elle resserre les chaînes du monopole et écarte la concurrence des exploitations libres. Ou le principe de la libre concurrence n'est qu'une lettre morte, ou la manœuvre de la Compagnie
qui en est la violation formelle, doit être réprimée. La coalition
avait déjà le monopole de l'extraction ; elle y a réuni celui de la
vente (1).

Elle tend aussi à s'emparer des voies de transport. Les chemins
du Clusel et de Mont-Rambert qui desservent ses exploitations, sont
sa propriété ; elle les a acquis à des prix très-élevés, car les sacrifices
ne coûtent rien à la Compagnie, lorsqu'il s'agit d'étendre sa domination. Elle est liée, par une participation, à la Compagnie du chemin
de fer de Saint-Etienne à la Loire, pour l'approvisionnement de la
ville de Montbrison et des environs, de manière à enlever ce débouché aux exploitations libres. Le chemin de fer de Saint-Etienne à
Lyon, et le canal de la Grand'Croix à Givors sont, en quelque sorte,
à son service exclusif, puisqu'elle est en jouissance de presque tous
les entrepôts qui sont en communication avec ces voies de transport. Comment le commerce libre pourrait-il lutter contre ses enva-
hissements ?

Depuis peu de jours, la Compagnie des mines a conclu, avec celle
du chemin de fer de Lyon, un traité dont les termes ne nous sont pas
connus, mais qui a pour but de stipuler des conditions avantageuses
à la première et de faire passer dans les mains de la seconde, l'exploitation du canal de Givors.

La réunion de deux voies de transport parallèles ne peut avoir
lieu sans autorisation (2), et les abus qui doivent en résulter ne permettent pas que l'autorisation soit accordée.

La question fut préjugée, lors de la discussion du 24 mars 1846,
par le Ministre des travaux publics, en ces termes :

« Je n'ai pas hésité, à déclarer aux chefs de l'Association, que la propriété
d'une communication créée par l'Etat, ne pouvait être transmise qu'avec l'assenti-

---

(1) Un homme instruit, étranger à la Compagnie et au pays, après avoir entendu l'exposé des
faits reprochés à la Compagnie houillère, s'est écrié : Si les griefs que vous venez d'énoncer sont
exacts, comment se fait-il que cette Compagnie existe encore ?

(2) L'autorisation de transmettre les droits résultant de concessions du gouvernement fut pres-

ment de l'Etat ; qu'aux termes des Cahiers des charges qui ont servi de base, à la concession du canal, comme à la concession du chemin de fer, la concession est personnelle au concessionnaire qui contracte, et n'a pas plus le droit de transférer quand le Cahier des charges ne le lui permet pas, le droit que la concession lui donne, qu'il n'a le droit de se décharger des obligations que le Cahier des charges lui impose; que, par conséquent, je ne reconnaissais pas comme définitif l'acte de bail intervenu entre les Compagnies du canal, le chemin de fer et la grande Association des houillères; que je ne regardais pas comme possible de mettre ces deux voies de communication entre les mains d'une seule Compagnie; que si cette transaction...... arrivait à son terme, elle ne serait valable qu'avec l'autorisation du Gouvernement; qu'en ce qui concerne la possession de la double voie de transport, *le Gouvernement était disposé à la refuser.*

Après une déclaration aussi solennelle, comment a-t-on pu penser à réunir, sous la même administration, le canal et le chemin de fer; deux voies de communication rivales qui doivent toujours être administrées séparément, parce que l'une a été autorisée pour élever une concurrence à l'autre qui abusait de sa position ? On peut lire dans le *Moniteur*, la réponse que fit le Directeur général des Ponts-et-Chaussées à la Compagnie du canal qui réclamait, en 1826, contre l'exécution du chemin. Le motif principal de l'adjudication fut l'économie que devait procurer la nouvelle voie sur les prix de transport perçus par la Compagnie à un taux exorbitant, quoique réduit.

La Chambre de commerce de Saint-Etienne, dans son avis du 5 janvier 1846, se plaignit de cette cumulation des voies de transport dans les mêmes mains, et fit pressentir les abus qui en résulteraient, malgré les tarifs et les Cahiers de charges; elle vient de renouveler ses réclamations dans les termes les plus formels. Si la coalition houillère a pu, depuis cinq ans, dominer seule sur toutes les industries, que sera-ce, lorsqu'elle sera liée à la Compagnie du chemin de fer qui lui accordera des préférences, ou des réductions indirectes de péage (1) ?

crite par une déclaration du 24 décembre 1762, qui n'a point été abrogée, ainsi qu'il est dit dans l'arrêté du Directoire exécutif, du 3 nivose an VI.

(1) Dans une lettre rendue publique, du 16 juillet 1850, les administrateurs délégués de la Compagnie des Mines nièrent qu'ils eussent entamé, avec la Compagnie du Chemin de Fer, une négociation, soit pour arriver à une acquisition, soit pour faire baisser les tarifs. Dans une autre lettre, du 9

Parmi les abus qui se reproduiront, on peut signaler celui qui a eu lieu cette année. La fermeture du canal avait été annoncée pour le 34 juillet ; elle a eu lieu en effet pour le public ; mais la coalition devait-elle être assujettie à la loi commune ? Elle a prolongé le temps de la navigation pour son service exclusif, pendant vingt jours, et elle a pu, pendant ce temps, faire de nombreuses expéditions de bateaux chargés de houille, à l'exclusion du commerce libre qui s'en est plaint inutilement.

Pour rivaliser avec le chemin de fer, l'ancienne Compagnie du canal avait réduit le tarif de péage ; et cette voie était, dans quelques cas, préférée par les expéditeurs, principalement pour les marchés du littoral du Rhône. Si elle tombe sous l'Administration du chemin de fer, la concurrence n'existant plus, le commerce ne jouira plus des avantages qu'il en retirait.

Par sa délibération du 12 mars 1846, le Conseil municipal de Lyon se plaignit de ce que l'Association houillère voulait s'attribuer le *triple monopole* de *l'extraction*, de *la vente* et du *transport des houilles.* Ce qu'il appréhendait il y a cinq ans, est aujourd'hui organisé sur la plus grande échelle.

§ V.

RÉPRESSION DU MONOPOLE.

Les lois ne sont pas de simples conseils. Etablies pour régler les droits de chacun, maintenir l'ordre public, réprimer les délits et les abus, elles méritent d'être religieusement observées ; autrement, elles tombent dans le mépris. Nous ne sommes plus dans ces temps d'a-

octobre, ils ont déclaré qu'ils ne stipuleraient aucune faveur qui ne fût pas commune à tous les exploitants du bassin. Eh bien ! ces assertions sont démenties par la réalisation du traité, et par les stipulations de ce traité qui attribuent à la Compagnie des avantages ou affranchissements de charges équivalant à plusieurs centaines de mille francs par an.

narchie ou de faiblesse, où les lois n'étaient pour certains hommes et
certaines compagnies que des toiles d'araignée.

Si elles sont obscures, elles s'expliquent par l'esprit qui a présidé
à leur rédaction. Les lois de 1791 et 1810, sur les mines, ont introduit des droits nouveaux, imposé des conditions, déterminé un but.

Les Mines, richesse publique, converties en propriétés privées par
des concessions conservant à perpétuité leur individualité; voilà les
droits.

L'obligation d'exploiter régulièrement et complétement les mines
concédées; voilà les conditions.

La satisfaction des besoins des consommateurs à des prix modérés;
voilà le but.

Pour obtenir ce but, le législateur n'a pas vu d'autre moyen que
celui d'une libre et naturelle concurence entre les concessionnaires
qui sont stimulés à rechercher les méthodes les plus économiques
d'extraction.

Ayant voulu faire naître une concurrence utile, par la pluralité
des concessions, il serait allé contre le but qu'il se proposait, s'il
eût permis, sans en faire constater l'utilité, la réunion de plusieurs
concessions, d'abord jugées nécessaires. C'est dans cet esprit qu'il faut
interpréter l'art. 31 de la loi de 1810. Si, au premier abord, les termes paraissent permettre les réunions sans condition, la Loi s'expli-
que, soit par le but qu'elle avait en vue, soit par les lois et réglements
antérieurs, notamment par l'Arrêté du 3 nivose an VI, qui n'est que
le corollaire de la loi de 1791, et qui, étant en harmonie avec celle
de 1810, n'a point été abrogé. Le pouvoir, qui a institué les concessions et déclaré leur individualité perpétuelle, peut seul, du consentement des intéressés, modifier les droits et les conditions de la propriété qu'il a créée.

Du reste, l'Art. 31 aurait toute la latitude que les organes de la
Compagnie lui ont attribuée, qu'il n'en faudrait pas moins appli-
quer l'Art. 419 du Code pénal. Si l'un de ces articles confère une faculté, le second a pour objet d'en réprimer l'abus. La réunion de
deux ou trois concessions peut n'avoir pas beaucoup d'inconvéniens,
lorsqu'il est constaté, par une instruction préalable, qu'elle ne peut
compromettre ni la sûreté publique, ni les besoins des consomma-

teurs; mais la concentration dans les mêmes mains de 30 ou 40 concessions est un abus intolérable. On ne prétendra sans doute pas aujourd'hui, comme le soutenait en 1845 l'un des organes de la Compagnie, qu'il lui soit permis d'établir *le monopole naturel et légal* de la houille. Dans aucun cas, l'Art. 31 ne pourrait avoir cette portée. Les actes qualifiés délits par les lois pénales ne peuvent jamais se justifier par des inductions tirées des lois civiles. Les facultés qui sont conférées par celles-ci sont toujours limitées par les autres. Ce qui est défendu restreint évidemment ce qui est permis.

Il est aujourd'hui avéré que 32 concessionnaires ou associations de concessionnaires dont les exploitations ont produit, en 1846, les cinq sixièmes de la houille extraite dans le bassin de la Loire, se sont réunis pour faire cesser une concurrence qui les contrariait, et que cette réunion a eu pour effet de hausser le prix du combustible minéral dans une forte proportion, au grand préjudice des industries, dont il est l'aliment.

Tous les corps délibérants, tous les hommes d'état désintéressés ont reconnu le caractère et signalé le but d'une association aussi vaste. Que l'on se reporte à la grande discussion des 24 et 25 mars 1846. Tous les orateurs, le ministre lui-même, étaient convaincus des abus qui pouvaient en résulter et qui se sont réalisés.

MM. Terme, maire de Lyon, Lanyer, Lamartine, Barbet, Peltereau-Villeneuve, Delessert, Mauguin, Michel Chevalier, Baude, réclamaient, comme une mesure indispensable, la dissolution de la Société des mines; tous y voyaient l'organisation d'un monopole monstrueux.

« La constitution de la Société anonyme, disait M. Baude, ce n'est pas autre chose que la constitution du monopole. Vous détruisez, en l'adoptant, la plus grande partie des garanties qui appartiennent encore à l'Administration. Vous donnez, en effet, à une individualité la faculté de régler d'une manière unique les prix; vous réunissez toutes les mines, tous les intérêts, toutes les ventes en une seule..... Quelles seront les garanties ?...... Les prix seront réglés par un conseil à Paris..... Ces garanties sont illusoires..... Il n'y a aucune espèce d'individualité saisissable ; tout vous échappera à la fois. »

« Au lieu d'attendre, s'écriait M. Chevalier, que l'Association ait fait un scandaleux abus de sa force pour lui opposer des lois de spoliation et les dispositions rigoureuses de l'art. 419 du Code pénal, le mieux, ce me semble, serait que le Gouvernement déclarât hautement qu'il n'autorisera jamais la constitution de l'Associa-

8

tion en Société anonyme, ce qui aurait, on n'en saurait douter, l'effet de la dissoudre mmédiatement. »

« En autorisant l'Association, disait M. Terme, maire de Lyon, à se former en Société anonyme, vous consolideriez, vous légaliseriez le plus monstrueux des monopoles. »

Le seul point qui divisait le Ministre et les Députés, c'est que, suivant le premier, la loi n'autorisait pas la mesure de la dissolution, mais le Gouvernement avait d'autres armes pour réprimer les abus de la coalition; la révocation des concessions et la poursuite devant les tribunaux. « Je trouve, ajoutait le Ministre, l'extension de cette association inutile pour une meilleure exploitation des mines ; je la trouve inutile pour une meilleure conservation de la richesse minérale, et je ne la trouve pas sans danger. »

Ainsi, le Ministre rejetait la seule considération sur laquelle s'appuie la Compagnie des mines, pour motiver sa demande en autorisation, et que nous avons réfutée, en prouvant qu'elle exploite moins régulièrement que les concessionnaires libres.

Plusieurs autres raisons se fussent d'ailleurs opposées à l'autorisation sollicitée, telles que le caractère d'individualité attaché par les lois à chaque concession, caractère qui ne permet pas de confondre plusieurs concessions et impose à chaque concessionnaire l'accomplissement des conditions qu'il a acceptées, d'exploiter complètement les mines concédées et de satisfaire aux besoins de la consommation.

Avant d'autoriser les statuts de l'Association anonyme, il eût été nécessaire de décider préjudiciellement s'il y avait lieu à permettre les acquisitions ou autres actes translatifs des concessions de mines, en conformité de l'arrêté du 3 nivôse an VI, qui est encore en vigueur d'après les arrêts de la Cour de cassation.

Plusieurs des concessions réunies appartiennent à des Sociétés anonymes autorisées, qui n'ont pu s'unir à une nouvelle Société sans porter atteinte à leurs statuts, et qui n'auraient pu le faire qu'en vertu d'une autorisation spéciale.

Enfin, par une contradiction manifeste, la Compagnie qui trouve les périmètres de concessions trop restreints, a acquis et exploite divisément, en contravention à la loi, des fractions de concessions, quoiqu'elles soient déclarées indivisibles.

Mais il ne peut s'agir d'examiner s'il y a lieu à l'autorisation d'une association qui est accusée du délit de coalition et qui ne peut être tolérée plus longtemps,

Que, sous l'ancien régime, l'on ait vu des tolérances aussi abusives, l'histoire a flétri les ministres qui s'en rendaient complices. Mais les législateurs de 1791, en abolissant les abus des priviléges et des corporations, voulurent qu'à l'avenir il ne fut jamais permis de les faire revivre. Ceux de 1810 ont aussi voulu prévenir le retour des anciens abus.

Quelles mesures peuvent mettre un terme à une situation contraire aux lois, à la justice, à l'intérêt général ?

Ces mesures sont de deux sortes ; judiciaires ou administratives. Mesures
répressives

Y a-t-il monopole ? La Compagnie des mines de la Loire est-elle dans le cas prévu par l'article 419 du Code pénal ?

Cet article punit la coalition, ou réunion illicite. Il y a coalition, lorsque les principaux détenteurs d'une même marchandise ou denrée se sont réunis pour ne la pas vendre, ou ne la vendre qu'à un certain prix, ou qui par des voies, ou moyens frauduleux quelconques, ont opéré la hausse ou la baisse des prix, au-dessus ou au-dessous de ceux qu'aurait déterminés la concurrence naturelle et libre du commerce.

Les faits qui constituent le délit, sont publics, constants, indubitables. Les concessionnaires de mines qui se sont réunis ou coalisés, sous la forme d'une Association, sont les principaux détenteurs des gîtes de houille, puisqu'en 1846 ils ont produit les cinq sixièmes de l'extraction totale ; ils en ont haussé les prix par leur propre volonté, et à l'époque même où, la consommation diminuant, il devait y avoir naturellement lieu à une baisse. La hausse est excessive ; mais quelle qu'en soit la proportion, elle n'en est pas moins factice et arbitraire. Les deux circonstances caractéristiques du délit existent donc à la charge de la Compagnie des mines.

Une enquête judiciaire a eu lieu en 1847 ; elle doit renfermer la preuve du délit dont elle est accusée. L'accusation a été portée par un grand nombre de Conseils municipaux et par la Chambre de com-

merce de Saint-Etienne. Cette Chambre, organe des intérêts com-
merciaux et industriels du pays, adressa, le 5 avril 1846, à M. le
Garde-des-Sceaux une requête qui se terminait en ces termes :

« Les coalisés n'étant que des accapareurs de houille, pour en faire
hausser le prix à leur plus grand avantage et à perpétuité, la Chambre de commerce demande itérativement et avec une respectueuse
instance l'application immédiate des lois répressives. »

Si les événements politiques ont fait différer la poursuite, il n'y a
plus de raison de l'ajourner, aujourd'hui que les lois ont repris leur em-
pire. Plus la répression du monopole est différée, plus le mal s'aggrave
et plus la tranquillité publique est compromise. Les nombreux consommateurs de houille éprouvent, depuis cinq ans, un préjudice
immense. Les organes des populations opprimées ont adressé, plusieurs fois par an, aux grands pouvoirs de l'Etat, pétitions, protestations, plaintes, dénonciations. La tribune de l'Assemblée nationale
en a retenti, et le Gouvernement n'a pris aucune résolution.

Préfère-t-il réprimer le monopole par des mesures administratives ?
Il le peut. En 1846, le Ministre des travaux publics reconnaissait
que l'Association houillère présentait des dangers, et que le Gouvernement n'était point désarmé contre ses abus ; que l'on pouvait employer soit des poursuites judiciaires pour l'application de l'art. 419
du Code pénal, soit la mesure de la révocation des concessions, en
vertu de l'art. 49 de la loi de 1810, et de l'art. 10 de la loi de 1838.

L'art. 49 permet, en effet, au Gouvernement de pourvoir, c'est-à-
dire de révoquer les concessions lorsque les concessionnaires ne remplissent pas leurs obligations. D'après les détails dans lesquels nous
sommes entrés, il est établi que les concessionnaires coalisés ne
satisfont point aux besoins de la consommation ni quant aux qualités de houille, ni quant aux prix. Il y a donc lieu à la révocation
de leurs concessions.

Qui peut le plus, peut le moins. Armé du droit de révocation, le
Gouvernement, avant de l'exercer, peut enjoindre aux concessionnaires coalisés, de reprendre, chacun l'exploitation de sa concession,
ou à la Compagnie entière de transmettre, par vente ou partage, chaque concession, à une Compagnie distincte et indépendante, sauf à
statuer ultérieurement, après une instruction spéciale, sur les de-

mandes en réunion de deux ou trois concessions limitrophes, pour
cause d'utilité publique. Nul n'aurait à se plaindre de cette mesure : les sociétaires disposeraient, à leur gré, de la propriété des
mines ; ils ne recueilleraient sans doute pas les profits illicites du
monopole ; mais pourraient-ils raisonnablement se plaindre d'être
soumis à la loi commune ?

En résumé, la discussion se réduit aux objections et aux réponses Résumé.
suivantes :

Il nous a été permis, disent les partisans de la coalition, *de nous
associer*. — Oui, pour un objet licite, non pour exercer le monopole.

Nous avions le droit de lutter contre une concurrence excessive —
Oui, par des moyens que la loi peut autoriser : l'intelligence, l'économie. Non, en acquérant les mines à des prix inouïs, et en les ac-
caparant.

*La propriété des mines nous donne le droit de disposer à notre
gré de leur produits*. — Il faut distinguer l'abus de l'usage. Si l'un est
permis, l'autre est défendu : il y a abus, dès qu'on porte atteinte à la
liberté commerciale et industrielle.

*Rien dans la loi ne déclare immoral ou illégal de faire un béné-
fice modéré sur ses produits* (Notes et cons. p. 48). — Nous en con-
venons ; mais ce qui est immoral, c'est d'accaparer une matière de
première nécessité et de substituer, au prix naturel déterminé par la
concurrence, un prix factice et arbitraire. Ce qui est illégal, c'est de
se coaliser pour opérer la hausse ou la baisse des prix d'une denrée,
et de ruiner les industries d'une vaste contrée pour s'enrichir.

*Nous nous sommes réunis pour veiller au bon aménagement des
mines*. — Vous avez mal rempli cette tâche. Vos exploitations sont
moins régulières que les autres. Votre langage n'est pas nouveau.
Tous les monopoles se sont établis sous des *prétextes de bien public*.
Ayez moins de sollicitude. C'est aux ingénieurs spéciaux que la loi
confie la charge de veiller à la conservation des richesses minérales.

*La compagnie a mis fin à l'anarchie industrielle et commer-
ciale qui ruinait le bassin de la Loire*. — Vous faites un dictionnaire
à votre usage, en changeant la véritable acception des mots. Vous
appelez *anarchie* la libre et légitime concurrence, *guerre intestine*,
le droit qu'a chacun de vendre ses produits, *abusif*, ce que la loi

permet, *légal* ce qu'elle condamne. Vous parlez de la ruine du bassin; si les industries du pays sont arrivées ou inclinent à leur ruine, c'est votre monopole qui en est la cause.

Les capitaux méritent d'être protégés. — Rien de plus juste, lorsqu'ils sont employés dans un but licite et moral; mais lorsqu'ils sont affectés à des entreprises contraires aux lois, à la contrebande, au monopole, les pouvoirs publics répriment ces entreprises, sans s'occuper des intérêts privés. L'industrie de chacun est aussi une propriété qui mérite protection. Y a-t-il rien de plus respectable que le droit de subvenir par son travail à sa subsistance et à celle de sa famille? Les travailleurs ont autant de titres que les capitalistes à être protégés.

L'article 419 du code pénal n'est applicable qu'aux coalitions passagères et clandestines, entre individus isolés, et non aux associations durables, publiques, offrant garantie et responsabilité. — Le code ne distingue pas entre les réunions éphémères, ou à long terme, secrètes ou ostensibles, se couvrant ou non de la forme de société, il suffit qu'il y ait réunion ou coalition entre les principaux détenteurs de la denrée et hausse des prix.

Aucune loi ne nous interdisait d'acquérir des chemins de fer et le canal de la Grand'Croix, à Givors. — Les concessions de canaux et chemins de fer sont personnelles, et leur *transmission n'est valable qu'avec l'autorisation du gouvernement qui les a adjugées.* La propriété d'une voie de communication créée par l'État ne peut être transmise qu'avec l'assentiment de l'État. Telle fut la déclaration formelle du ministre (séance du 24 mars 1846).

Il nous était permis de restreindre nos exploitations. — Vous ne pouviez le faire de votre autorité et sans la permission de l'administration. En suspendant l'exploitation des couches peu productives, vous en compromettez la conservation et vous contrevenez aux règles d'un bon aménagement.

Il ne nous est pas interdit de vendre directement nos produits aux consommateurs, en supprimant les intermédiaires. — Oui, mais ce qui vous est interdit, c'est de monopoliser la vente, de vous emparer des débouchés, par la réunion des principaux marchands de charbon, devenus vos agents. Vous n'avez pu vous permettre ce que les marchands de charbon n'auraient pu faire eux-mêmes.

Ainsi se trouvent détruites les fausses doctrines et les assertions controuvées de spéculateurs téméraires qui ont jeté la perturbation ou la ruine dans les principales industries de plusieurs départements. En présence d'abus qui se perpétuent et compromettent la tranquillité publique, en présence du monopole qui étend chaque jour sa domination, les grands pouvoirs de l'État peuvent-ils se dispenser d'intervenir et de venir au secours des populations opprimées? Peuvent-ils tolérer longtemps encore une agglomération de mines qui, suivant l'expression du ministre Chaptal, est *une monstruosité révoltante et destructive de toute industrie.*

CORPS DÉLIBÉRANTS QUI ONT RÉCLAMÉ CONTRE LE MONOPOLE DE LA HOUILLE.

Le Conseil municipal de la ville de Saint-Étienne, délibérations des 14 août 1845, 26 février 1846, 7, 23 avril même année, 25 mars, 15 juin, 4 novembre 1847, 7 février, juin 1848, 30 novembre 1849, 13 août, 14 novembre 1850.

Le Conseil général de la Loire, avis émis dans toutes ses sessions, à partir du 30 août 1845.

La Chambre de Commerce de Saint-Étienne, délibérations des 5 janvier et 5 avril 1846, 31 juillet, 24 octobre 1850.

La Chambre consultative de Saint-Chamond, le 5 décembre 1845.

La Chambre consultative de Rive-de-Gier, le 30 novembre 1845.

Le Conseil municipal de *Beaubrun*, le 8 décembre 1845.

La Chambre consultative de Vienne.

Le Conseil municipal de la même ville.

Le Conseil municipal de la ville de Lyon, le 12 mars 1846.

Le Conseil municipal de Valence.

Le préfet de l'Isère.

Les Conseils municipaux des villes de Montbrison, Roanne, Saint-Galmier, Saint-Bonnet-le-Château.

La Chambre de Commerce de Mulhouse.

Le Conseil général des manufactures.

Le Conseil général de l'Hérault.

Les communes du *Chambon*, de *Latour*, *Saint-Michel*, *Tarentaise*, *Villars*, *Saint-Genis-Terrenoire*, *Sorbiers*, *Véranne*, *Pelussin*, *Dargoire*, *Saint-Priest*, *Saint-Jean-de-Bonnefonds*, *Saint-Nizier*, *Luriecq*, *Pavezin*, *Montaud*, *Valbenotte*, *Outre-Furens*, *Sain.-Genest-Lorpt*, *Lafouillouze*, etc., etc.

La plupart de ces communes ont réitéré leurs plaintes.